BADMINTON SAISHINSHIKI KISO DRILL by Josemari Fujimoto
Copyright ⓒ 2015 Josemari Fujimoto

All rights reserved.
Original Japanese edition published by BASEBALL MAGAZINE SHA Co.,Ltd.,Tokyo
This Korean edition published by arrangement with BASEBALL MAGAZINE SHA Co.,Ltd., Tokyo in care of Tuttle-Mori Agency, Inc., Tokyo through Gaon Agency, Seoul
Korea translation rights ⓒ 2017 by itBook Publishing Co.

이 책의 한국어판 저작권은 터틀모리 에이전시와 가온 에이전시를 통한 BASEBALL MAGAZINE SHA Co.,Ltd.,Tokyo와의 독점계약으로 도서출판 잇북에 있습니다.
신 저작권법에 의해 한국 내에서 보호를 받는 저작물이므로 무단전재와 무단복제를 금합니다.

※ 이 도서의 국립중앙도서관 출판예정도서목록(CIP)은 서지정보유통지원시스템 홈페이지(http://seoji.nl.go.kr)와 국가자료공동목록시스템
 (http://www.nl.go.kr/kolisnet)에서 이용하실 수 있습니다.
 (CIP제어번호 : CIP2017006828)

쉽게 따라 하고 바로 응용하는

How to 배드민턴

후지모토 호세마리 지음
이광현 감수
김대환 옮김

INTRODUCTION

　배드민턴 레슨을 직업으로 삼고 있으면서 최근 느낀 것은 배드민턴은 처음 시작할 때가 매우 중요하다는 것이다.
　예를 들어 라켓을 잡는 방법부터 잘못된 생각을 갖고 있는 사람에게 "어떻게 하면 배드민턴을 잘할 수 있을까요?"라는 질문을 받으면 "우선은 라켓을 잡는 방법부터 바꿔보세요."라고 말할 수밖에 없다.
　그리고 일반 동호인 여러분이 배드민턴이라는 경기를 올바르게 시작하는 데 있어서 문제가 되는 것이 한번 익히면 좀처럼 바뀌지 않는 '기초'라 여겨지는 기술이나 그 이론이 아닐까 싶다. 강습회 등에서 일반 동호인 여러분과 이야기를 나누다 보면 옛날부터 배운 이론이나 방법 등으로 연습하고 있는 동호인 여러분이 얼마나 많은지 새삼 느끼게 된다.
　많은 스포츠가 그렇듯이 배드민턴도 진화하고 있다. 룰도 바뀌고, 라켓의 소재나 품질도 현격하게 향상되었다. 그에 따라 선수의 기술도 변화되었다. 톱 레벨의 선수는 세계 대회에 참가하여 실제로 그 변화나 진화를 피부로 느끼면서 그들 자신이 진화하지만, 그 기술이 일반 동호인 레벨까지는 전혀 전파되지 않는 것이 현실이다.
　물론 톱 레벨의 선수가 구사하는 기술에는 일반 플레이어가 따라 하기 어려운 것도 있지만, 실제로는 '기초'라 불리는 부분이 크게 바뀐 것이다. 그립을 잡는 방법, 라켓 워크, 셔틀콕의 타구 방법, 풋 워크 등 그 변화는 많은 부분에 이른다. 지금 시

점에서 최신이라 여겨지는 '기초'부터 배우면 일반 플레이어도 좀 더 쉽게 실력을 쌓을 수 있다. 지금부터 소개하는 연습법이나 기술은 배드민턴의 실력을 키우고 싶어 하는 사람이라면 반드시 익혀야 할 '최신식 기초'가 된다.

톱 레벨의 선수가 구사하는 기술은 감각적인 수준에서 이루어지는 경우가 많고, 말로 설명하는 것은 어려울지도 모른다. 이 책을 통해 그것을 조금이라도 이해하기 쉽게 말로 설명하고 싶다. 여러분에게 구체적으로 보여주고 싶다는 마음이 간절하다.

기초적인 부분은 내가 직접 경기를 하고, 동호인들을 지도하면서 쌓은 경험에 근거한 것이므로 반드시 익혀두기를 바란다. 물론 이 최신식 기초를 기반으로 여러분이 좀 더 실력을 쌓기 위해 궁리하는 것 또한 쉬운 일이 아니다. 일반 플레이어인 여러분도 몸에 익을 때까지 꾸준한 연습을 하다 보면 반드시 한 단계 높은 실력을 갖추게 될 것이다.

배드민턴에 갓 입문한 초보자는 물론 중급 레벨의 동호인 분도 이 책을 통해 많은 도움을 받을 수 있으리라 생각한다.

차례

INTRODUCTION … 4
실력 향상을 위해 필요한 여섯 가지 요소 … 10
이 책의 활용 방법 … 12

그립

라켓을 잡는다 … 14
엄지로 잡기 쉽게 조절한다 … 16
Menu 001   손가락을 움직인다 … 18
Menu 002   네 손가락을 단련한다 … 19
Menu 003   라켓을 돌린다 … 20
Menu 004   공중에서 셔틀콕을 받는다 … 21
Menu 005   스윙 … 22
칼럼 1   새로운 그립 법이나 타구 법을 유연하게 시험해보자 … 24

샷

Menu 006   올바른 자세를 만든다 … 26
Menu 007   비스듬한 자세에서의 체중 이동 … 27
연속 사진으로 배우는 기본 클리어 … 28
Menu 008   스윙 … 30
연속 사진으로 배우는 기본 스매싱 … 32
Menu 009   노크 연습 … 34
연속 사진으로 배우는 스트레이트 드롭 … 36
연속 사진으로 배우는 크로스 드롭 … 38
Menu 010   반복 연습 … 40
연속 사진으로 배우는 하프 커트 … 42
Menu 011   스윙 … 44
Menu 012   노크 연습 … 45
연속 사진으로 배우는 기본 드라이브 … 46
Menu 013   노크 연습 … 48
Menu 014   반복 연습 … 49

연속 사진으로 배우는 기본 푸시 … 50
Menu 015   노크 연습 … 52
연속 사진으로 배우는 기본 언더 클리어(포핸드) … 54
연속 사진으로 배우는 기본 언더 클리어(백핸드) … 56
Menu 016   노크 연습 … 58
연속 사진으로 배우는 기본 스매싱 리시브 … 60
몸 주변의 리시브 종류를 배운다 … 62
Menu 017   스매싱을 받는다 … 67
Menu 018   벽치기 … 68
연속 사진으로 배우는 기본 헤어핀 … 70
Menu 019   노크 연습 … 72
연속 사진으로 배우는 백핸드 클리어 … 74
Menu 020   노크 연습 … 76
연속 사진으로 배우는 리버스 드롭 … 80
Menu 021   어깨부터 팔을 움직인다 … 82
Menu 022   어깨와 팔꿈치를 움직인다 … 83
칼럼 2   워밍업은 기초 치기만으로도 충분한가? … 86

 Part 3  노크

Menu 023   헤어핀 노크 … 88
Menu 024   드롭 노크 … 90
Menu 025   드라이브 노크 … 92
Menu 026   스매싱&네트 하프 코트 … 94
Menu 027   스매싱&네트 올 코트 … 96
Menu 028   네트 앞에서 푸시 … 98
칼럼 3   배드민턴의 기술은 진보하고 있다 … 100

 Part 4   단식경기

단식경기를 한다 … 102
단식경기의 서비스 … 104
Menu 029   2대1 클리어/드롭 … 106
Menu 030   올 쇼트 … 108

Menu 031 올 롱 … 110
Menu 032 2대1 공격과 수비 … 112
칼럼 4 중요한 시합에서 긴장을 푸는 방법 … 114

Part 5 복식경기

복식경기를 한다 … 116
복식경기의 포메이션 … 118
복식경기의 서비스 … 120
Menu 033 3대2 공격과 수비 … 122
Menu 034 2대2 올 쇼트 … 124
Menu 035 2대1 푸시&리시브 … 126
Menu 036 2대2 노 로브 연습 … 128
복식경기의 전위에서 사용하는 푸시의 종류를 배운다 … 129
칼럼 5 복식경기의 기본을 이해하고 두 사람의 약속된 플레이를 만들어가자 … 130

Part 6 풋 워크

풋 워크에 대한 사고방식 … 132
코트 위에서의 위치 선정 … 133
움직이기 쉬운 방향 … 134
Menu 037 전방으로의 풋 워크 … 135
Menu 038 후방으로의 풋 워크 … 136
Menu 039 포핸드 앞쪽으로의 풋 워크(가까운 경우) … 138
Menu 040 포핸드 앞쪽으로의 풋 워크(먼 경우) … 139
Menu 041 백핸드 앞쪽으로의 풋 워크(가까운 경우) … 140
Menu 042 백핸드 앞쪽으로의 풋 워크(먼 경우) … 141
Menu 043 포핸드 사이드로의 풋 워크(가까운 경우) … 144
Menu 044 포핸드 사이드로의 풋 워크(먼 경우) … 145
Menu 045 백핸드 사이드로의 풋 워크(가까운 경우) … 146
Menu 046 백핸드 사이드로의 풋 워크(먼 경우) … 147
Menu 047 포핸드 뒤쪽으로의 풋 워크(가까운 경우) … 148
Menu 048 포핸드 뒤쪽으로의 풋 워크(먼 경우) … 149
Menu 049 백핸드 뒤쪽(라운드)으로의 풋 워크(가까운 경우) … 150

Menu 050	백핸드 뒤쪽(라운드)으로의 풋 워크(먼 경우) … 151
Menu 051	점프할 때의 스텝(포핸드 사이드) … 152
Menu 052	점프할 때의 스텝(백핸드 사이드) … 153
Menu 053	점프할 때의 스텝(포핸드 뒤쪽) … 154
Menu 054	점프할 때의 스텝(백핸드 뒤쪽:라운드) … 155
Menu 055	풋 워크 지시 내리기 … 156
Menu 056	셔틀콕 옮기기 … 157
칼럼 6	시합 중에 목소리를 내거나 감정을 표시하는 것이 좋다? … 160

Part 7 트레이닝

트레이닝에 대한 사고방식 … 162

Menu 057	차이니스 스텝 … 162
Menu 058	라인 점프 … 163
Menu 059	통 넘기 … 163
Menu 060	스킵skip … 164
Menu 061	스킵니인skip knee in … 164
Menu 062	백스킵니아웃back skip knee out … 165
Menu 063	사이드 스텝 … 166
Menu 064	크로스 스텝 … 166
Menu 065	투 스텝 앞으로 … 167
Menu 066	투 스텝 뒤로 … 167
Menu 067	양발 점프 … 168
Menu 068	양발 점프 뒤로 … 168
Menu 069	줄넘기 … 169
Menu 070	외발뛰기 … 169
Menu 071	외발 가위 뛰기 … 170
Menu 072	옆으로 외발뛰기 … 171
Menu 073	네트 밑으로 빠져나가는 사이드 스텝 … 172

연습 메뉴 짜는 법 … 174
배드민턴 경기 규칙 … 175
배드민턴 코트와 용품 … 178
배드민턴 이야기 … 181
CONCLUSION … 183

실력 향상을 위해 필요한
여섯 가지 요소

1 몸 사용법
중심의 이동 · 몸의 연동

몸을 올바르게 사용하면 좀 더 작은 힘으로 강한 타구를 날릴 수 있는 등 효율적인 플레이가 가능하다. 특히 중심의 이동, 몸의 연동 등이 중요하다. 샷 기술을 연습할 때는 이러한 포인트를 염두에 두고 연습하면 좋다.

2 근력의 강화
피지컬(하반신 강화) · **공격력**(상반신 강화) · **균형감**(몸통 강화)

근력은 풋 워크의 속도, 스매싱 능력, 리시브 능력, 점프력을 강화하기 위해서는 빼놓을 수 없는 요소다. 또 불안정한 자세에서도 코스를 노리거나 안정된 샷을 하기 위해서는 몸통의 강화도 필요하다.

3 감각의 강화
셔틀콕을 받는 감각 · 코스를 노리는 감각 · 헤어핀, 드롭으로 치는 감각

배드민턴은 콕을 친다는 독특한 감각을 필요로 하는 운동이다. 콕을 많이 치는 연습을 통해 기술과 감각을 키워야 한다. 특히 헤어핀이나 드롭의 감각을 익히는 것은 어려우므로 좀 더 많은 연습이 필요하다.

배드민턴 경기의 특성상 실력을 향상시키기 위해 필요한 요소는 여섯 가지가 있다. 자신에게 무엇이 부족한지를 의식하면서 연습하는 것이 중요하다.

4 눈을 속도에 길들인다
강한 스매싱을 많이 리시브한다

근력이 있어도 눈이 셔틀콕의 속도에 익숙해져 있지 않으면 반응도 늦고 라켓 면에 셔틀콕을 정확하게 맞힐 수 없게 된다. 강한 스매싱을 리시브하는 연습을 많이 함으로써 눈이 속도에 익숙해지고 리시브 능력도 향상된다.

5 정신력의 강화
다양한 스타일을 구사하는 사람들과 배드민턴을 한다
긴장되는 순간을 많이 경험한다

배드민턴 시합은 매우 힘들다. 괴로워도 이기고 싶은 마음, 끝까지 분발한다는 정신력이 필요하다. 또 시합에 강해지기 위해서는 다양한 플레이 스타일을 구사하는 사람들과 시합을 하거나, 긴장되는 순간을 많이 경험하여 자신의 경험치를 높이는 것도 중요하다.

6 지속적인 연습
일주일에 3회 이상의 연습을 권장한다

공과는 다른 특수한 움직임을 보이는 셔틀콕을 치기 위해서는 그 감각을 몸으로 익혀야만 한다. 셔틀콕을 많이 치는 연습을 통해 감각을 키울 수 있으므로 연습량은 무엇보다도 중요하다. 아무리 운동신경이 뛰어나도 주 1회의 연습으로는 실력을 키울 수 없다. 바꿔 말하면 연습한 만큼 결과를 얻기 쉬운 운동이라고도 할 수 있다.

이 책의 활용 방법

이 책에서는 사진과 그림, 아이콘 등을 사용하여 하나하나의 메뉴를 구체적으로, 좀 더 이해하기 쉽게 설명하고 있다. 사진이나 '연습 방법'을 보는 것만으로도 바로 연습을 시작할 수 있지만, 이 연습이 왜 필요한지, 어디에 주의하면 되는지를 이해하고 나서 연습하면 좀 더 효과적인 트레이닝을 할 수 있다. 왼손잡이는 좌우를 바꿔서 연습하면 된다.

▶ **얻을 수 있는 효과가 일목요연**
연습의 난이도나 연습하는 시간, 혹은 그 연습을 통해 얻을 수 있는 효과를 한눈에 알 수 있다. 자신에게 적합한 메뉴를 찾아 연습해보자.

▶ **사용 그립**
연습할 때 사용하는 그립을 표시. F는 포핸드, B는 백핸드를 나타낸다.

▶ **원 포인트 어드바이스**
게재한 연습법을 좀 더 효과적으로 하기 위한 포인트.

▶ **이 연습이 왜 필요한가?**
　연습 포인트와 주의점
이 연습이 왜 필요한가? 실전에 어떻게 활용되는지를 해설. 또 연습할 때의 포인트나 주의점을 나타내고 있다.

기타 아이콘을 보는 방법

주의해야 할 것, 실수하기 쉬운 NG의 예 등을 소개한다.

연습과 관련된 에피소드나 어떤 장면에서 하는 것이 효과적인지를 소개한다.

Part **1**

그립

라켓을 잡는 방법(그립)은 배드민턴을 시작할 때 제일 처음에 배우는 것이지만 올바른 그립으로 셔틀콕을 치려고 하면 의외로 어렵다. 치기 쉬운 방법을 찾으면 잘못된 그립으로 시작하는 경우가 많고, 한번 잘못되어버리면 올바르게 잡는 방법으로 되돌리는 것이 쉽지 않다. 반드시 확실하게 익히도록 하자.

그립

THEME
라켓을 잡는다

그립, 소위 라켓을 잡는 방법에 사실 정답이라는 것은 없다. 톱 레벨의 선수도 자기가 잡기 쉬운 그립으로 셔틀콕을 치는 경우가 대부분이다. 단지 기본 그립을 알면 좀 더 수월하게 실력을 높일 수 있는 것도 분명하다.
이 책에서는 기본 그립을 '센터 그립'(이스턴 그립으로 잡는 방법), 센터 그립에서 안쪽으로 기울인 그립을 '인 그립', 센터 그립에서 바깥쪽으로 기울인 그립을 '아웃 그립'이라고 부른다.

P 포인트

엄지를 너무 의식하지 않고 잡는다

다양한 셔틀콕에 대응할 수 있는 라켓 면을 만들기 위해서는 엄지를 너무 의식하지 않고 잡는 것이 요령이다. 물론 검지와 엄지로 확실하게 감아쥐고 치는 경우도 있지만 엄지를 제외한 네 손가락으로 잡으면 라켓 면을 조정하기가 쉬워진다.

1

센터 그립(=이스턴 그립)

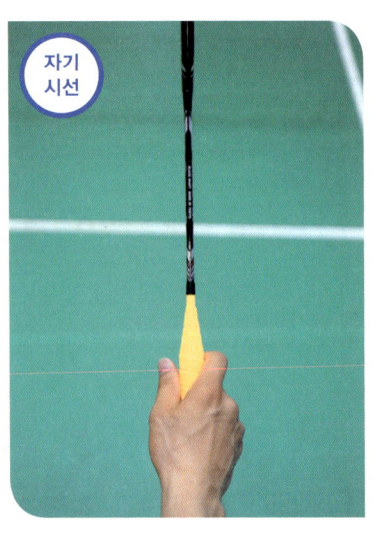

O 잡는 방법

라켓 면이 바닥과 수직이 된 상태에서 식칼을 잡는 요령으로 잡는다.

? 왜 필요한가

기본이 되는 그립

센터 그립(=이스턴 그립)은 기본 그립이다. 이 방법은 올바른 팔 사용법을 마스터하기 위해서는 필수다. 클리어나 드롭은 다음에 소개하는 인 그립으로 치는 경우가 많지만 코스에 따라서는 센터 그립으로 치는 것이 쉬운 경우도 있다. 또 바꿔 잡기가 어려운 경우도 이 기본 그립으로 대응한다.

2

인 그립(=그립을 안쪽으로 기울인다)

자기 시선

센터 그립에서 그립을 안쪽으로 기울인다

옆모습

O 잡는 방법

센터 그립에서 안쪽으로 그립을 기울인다(왼쪽 방향으로 돌린다).

? 왜 필요한가

다양한 샷을 할 수 있는 그립

스매싱, 클리어, 드롭, 포핸드 드라이브, 백핸드 클리어, 백핸드 드롭, 포핸드 헤어핀 등 다양한 샷을 할 때 사용한다. 백핸드 헤어핀을 할 때도 네트 아래쪽에서 받을 때는 이 방법으로 라켓 면을 만든다.

3

아웃 그립(=그립을 바깥쪽으로 기울인다)

자기 시선

센터 그립에서 그립을 바깥쪽으로 기울인다

옆모습

O 잡는 방법

센터 그립에서 바깥쪽으로 그립을 기울인다(오른쪽 방향으로 돌린다).

? 왜 필요한가

복식경기에서 자주 사용하는 그립

드롭, 사이드 리시브(포핸드·백핸드), 백핸드 드라이브 등을 할 때 사용한다. 복식경기에서 자주 사용한다.

그립

목표

엄지로 잡기 쉽게 조절한다

센터 그립에서 잡는 위치를 옮김으로써 어떤 샷도 할 수 있지만 이때 **엄지에 방해를 받지 않는 것이 중요하다.** '이 방법으로 잡지 않으면.' 하고 너무 얽매여 있으면 엄지가 방해를 하는 경우도 있다. 또 엄지를 떼면 힘을 빼기가 쉬워져서 리시브를 하기 쉬워진다는 장점도 있다. 엄지를 그립에서 뗀다. 또는 엄지의 위치를 바꾸는 등의 방법으로 자유롭게 조절하여 셔틀콕을 치도록 하자.

 이 점에 주의

주먹을 쥐듯이 잡으면 손가락을 쓸 수 없게 된다

초보자들은 주먹을 쥐듯이 손가락에 힘을 넣어서 그립을 잡는 경우가 흔하다. 이렇게 잡으면 손가락을 거의 쓸 수 없게 된다. 개중에는 이 방법으로 잘 치는 사람도 있지만, 우선은 센터 그립으로 잡는 방법을 권한다. 또 초보자에게 흔히 볼 수 있는 것이 오른쪽 아래 사진과 같은 그립 법이다. 사진처럼 소위 말하는 웨스턴 면으로 셔틀콕을 치면 통제를 하지 못해서 셔틀콕이 아웃된다.

꽉 움켜쥔다

1

센터 그립에서 엄지를 뗀다

자기 시선

 **잡는 방법**

엄지를 그립에 붙이고 있으면 라켓 면의 각도가 제한되어서 칠 수 없는 샷이 생긴다. 엄지를 떼면 라켓 면이 정면을 향하기가 쉽기 때문에 대응하기 쉬워진다.

옆모습

POINT 엄지를 떼면 라켓 면이 정면을 향한다

2 인 그립에서 엄지를 뗀다

○ 잡는 방법

① 엄지를 떼서 라켓 면을 조정한다.
② 엄지를 떼서 네 손가락 옆에 붙인다.
백핸드 클리어 등을 할 때 엄지를 떼서 그립을 지탱하기 위해 잡은 네 손가락 옆에 붙인다.

옆모습

3 아웃 그립에서 엄지를 뗀다

○ 잡는 방법

① 엄지를 떼서 라켓 면을 조정한다.
② 엄지를 떼서 네 손가락 옆에 붙인다. 샷을 할 때 엄지를 붙이면 강한 샷을 할 수 있으므로 그립을 지탱하기 위해 잡은 네 손가락 옆에 엄지를 붙인다.

옆모습

그립

목표 그립 워크를 단련한다

난이도	★☆☆☆☆
시간	5분

얻을 수 있는 효과
- ▶ 기술 · 감각
- ▶ 셔틀콕의 스피드
- ▶ 컨트롤
- ▶ 지구력
- ▶ 순발력

센터 그립
인 그립
아웃 그립

Menu 001 손가락을 움직인다

○ 연습 방법

엄지를 제외한 네 손가락으로 그립을 잡고 라켓 헤드를 아래위로 움직인다. 센터 그립, 인 그립, 아웃 그립으로 각각 연습한다.

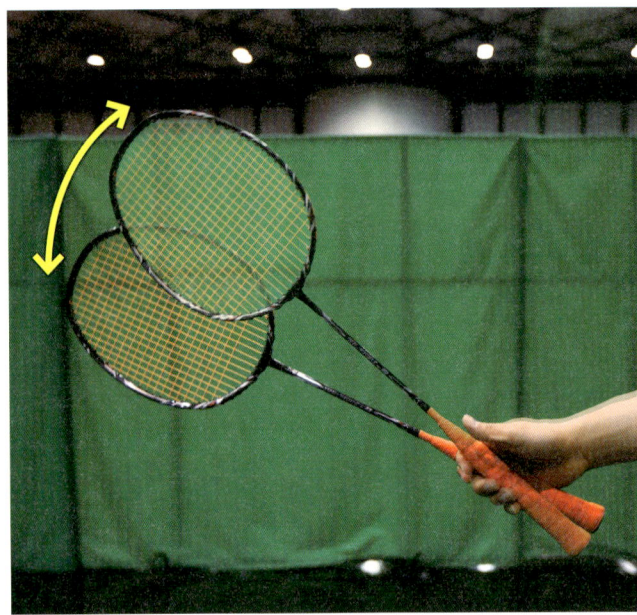

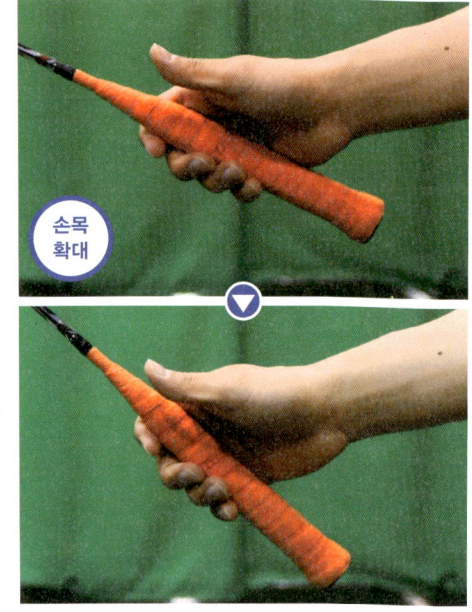

P 포인트

손목은 사용하지 않고 네 손가락 중에서 노는 손가락을 만들면서 움직인다.

원 포인트 어드바이스

주니어 선수는 엄지를 붙이고 해보자

손이 작은 주니어 선수 등은 네 손가락만으로 라켓을 움직이는 것이 어려울지도 모른다. 그 경우에는 가볍게 엄지를 붙이고 똑같은 방법으로 연습해보자.

그립

난이도	★☆☆☆☆
시간	5분

얻을 수 있는 효과

▶ 기술·감각
▶ 셔틀콕의 스피드
▶ 컨트롤
▶ 지구력
▶ 순발력

센터 그립
인 그립
아웃 그립

목표 : 그립 워크를 단련한다

Menu 002 네 손가락을 단련한다

○ **연습 방법** 센터 그립의 방법으로 엄지 외의 네 손가락으로 그립을 잡고 그립을 잡은 채 손을 폈다 오므렸다 한다. 인 그립, 아웃 그립으로도 똑같이 연습한다.

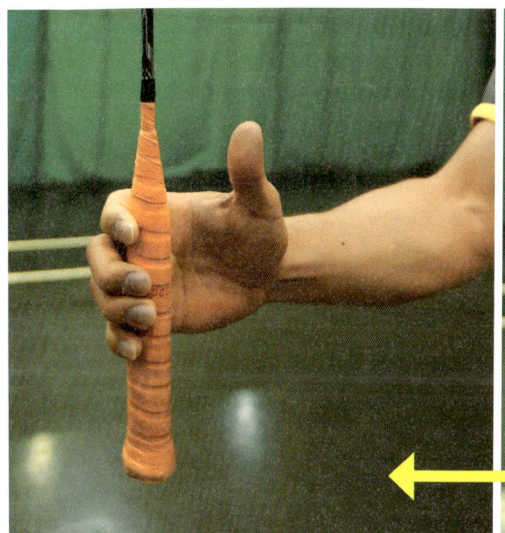
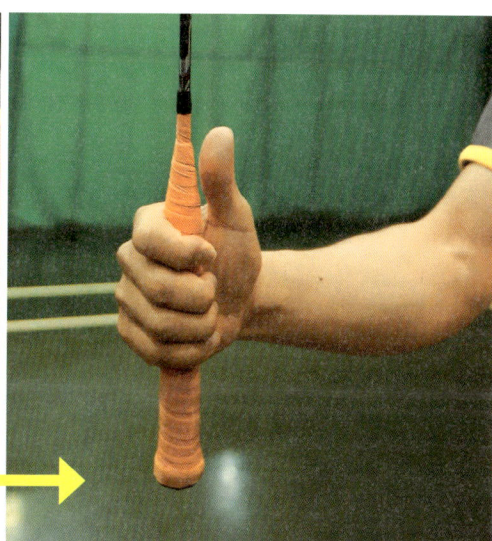

원 포인트 어드바이스

네 손가락으로 움직일 수 있는 범위를 확인하자

네 손가락으로 센터 그립, 인 그립, 아웃 그립 각각의 그립 법으로 그립을 잡고, 라켓 면을 얼굴의 정면으로 향한 채 앞뒤로 움직이면서 움직일 수 있는 범위를 확인하자. 이 연습으로 어떤 샷에 대응할 수 있는지 스스로 알게 된다. 주니어 선수는 엄지를 붙이고 해보자.

주니어 선수는 엄지를 붙이고 해보자.

그립

목표: 라켓을 원활하게 다룬다

난이도	★☆☆☆☆
시간	1분
얻을 수 있는 효과	
▶ 기술 · 감각	
▶ 셔틀콕의 스피드	
▶ 컨트롤	
▶ 지구력	
▶ 순발력	

Menu 003 라켓을 돌린다

○ 연습 방법

손가락으로 라켓을 잡고 손가락을 사용하여 그립을 돌린다. 엄지 쪽으로 돌렸다면 반대로도 돌리고, 어느 쪽으로든 원활하게 움직일 수 있게 하자.

? 왜 필요한가

손가락 끝의 움직임이나 감각을 단련한다

그립을 원활하게 전환하기 위해서는 손가락을 요령껏 움직일 필요가 있기 때문에 신속하게 손가락을 움직이는 버릇을 들이자. 또 손가락 끝에는 신경이 모여 있으므로 섬세한 감각을 포착하기가 쉽고, 손가락 끝의 정보에 따라서 핀 포인트도 컨트롤할 수 있게 된다. 라켓 감각을 손가락 끝으로 늘 포착할 수 있도록 라켓 면을 보지 않고도 손가락 끝으로 라켓 면이 어떻게 되어 있는지를 알게 될 때까지 연습한다.

P 포인트

손목이 아니라 손가락으로 돌린다

손목을 사용하여 손바닥 안에서 돌리는 것이 아니라 손가락으로 돌린다.

손목으로 돌린다

그립		난이도	★★☆☆☆
		시간	20 회

목표: 라켓을 원활하게 다룬다

Menu 004 공중에서 셔틀콕을 받는다

얻을 수 있는 효과
- ▶ 기술·감각
- ▶ 셔틀콕의 스피드
- ▶ 컨트롤
- ▶ 지구력
- ▶ 순발력

| 센터 그립 |
| 인 그립 |
| 아웃 그립 |

🔵 연습 방법

스스로 셔틀콕을 쳐 올린 뒤 그것을 받는다. 셔틀콕이 라켓 면에서 튀어오르지 않게 하고, 셔틀콕을 치지 않도록 한다.

❓ 왜 필요한가

손가락과 팔 전체를 사용한 라켓 워크의 감각을 키운다

손가락과 함께 팔 전체를 사용하여 라켓을 다루는 감각을 키운다. 섬세한 감각을 필요로 하는 배드민턴에서 라켓을 원활하게 다룰 수 있느냐의 여부는 매우 중요하다.

Ⓟ 포인트

셔틀콕과 같은 속도로 라켓을 내린다

셔틀콕을 받을 때 셔틀콕이 떨어지는 속도와 같은 속도로 라켓을 내리면 잘 받을 수 있다. 급한 움직임으로 라켓의 궤도가 바뀌지 않도록 하고, 셔틀콕을 라켓 면에 올릴 수 있도록 해보자.

 **EXTRA**

백핸드로도 도전!

백핸드로 하는 것은 어렵지만 포핸드 쪽에서 할 수 있게 되면 백핸드로도 도전해보자. 백핸드로 셔틀콕을 '깎아 치는' 감각이 붙게 된다.

그립 / 샷 / 노크 / 단식경기 / 복식경기 / 풋워크 / 트레이닝

| 그립 |

| 목표 | 그립을 원활하게 바꾼다 |

| 난이도 | ★☆☆☆☆ |
| 시간 | 1분 |

얻을 수 있는 효과
▶ 기술·감각
▶ 셔틀콕의 스피드
▶ 컨트롤
▶ 지구력
▶ 순발력

센터 그립
인 그립
아웃 그립

Menu 005 스윙

○ 연습 방법

아웃 그립으로 백핸드 드라이브를 하듯이 스윙하고, 바로 인 그립으로 바꾸어서 포핸드 드라이브를 하듯이 스윙한다. 네 번째 사진의 타이밍에서 그립을 바꾼다.

POINT 그립을 바꾼다.

? 왜 필요한가

치기 쉽도록 바로 준비한다

드라이브 랠리에서 자기가 치기 쉬운 방법으로 바로 준비하는 연습. 그립 전환이 늦으면 샷 미스의 원인이 된다.

P 포인트

라켓을 올리는 타이밍에서 그립을 바꾼다

라켓을 잡고 자세를 취한 상태에서 그립을 바꾸는 것은 어렵기 때문에 스윙 후에 라켓을 올리는 타이밍에서 그립을 바꾼다. 스윙을 하며 그 타이밍을 잡도록 하자.

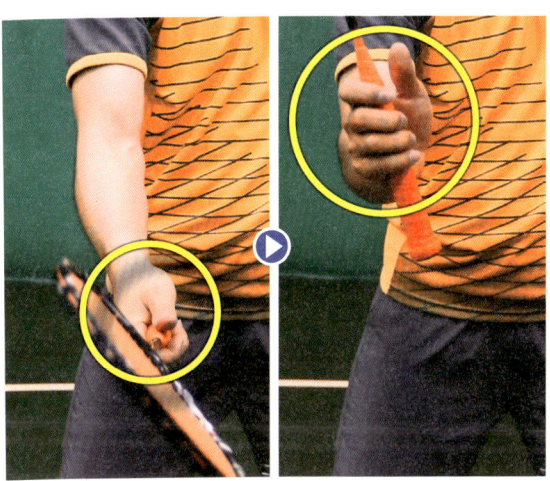
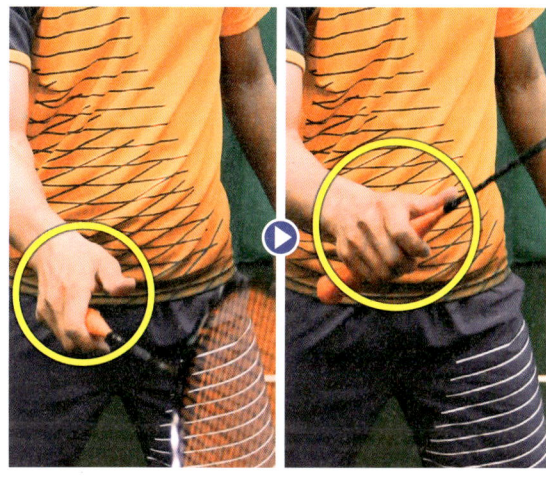

원 포인트 어드바이스

손목을 세우자

배드민턴에서 사용하는 샷의 대부분은 손목을 세운 상태에서 친다. 손목을 세우지 않는 경우는 거의 없다. 자세를 갖춘 후에 손목을 세우는 것보다도 라켓을 잡을 때는 처음부터 손목을 세우고 있는 것이 다음 샷에 반응하기 쉬우므로 항상 손목을 세우고 있어야 한다는 의식을 한다.

처음부터 손목을 세우고 있다

손목이 누워 있으면 샷이 안정되지 않거나 대응이 늦어지곤 한다

새로운 그립 법이나 타구 법을
유연하게 시험해보자

여러분이 일반적으로 배우는 그립 법은 '이스턴 그립' '웨스턴 그립' '백핸드 그립', 이렇게 세 가지일 것이다. 어느 샷을 할 때는 어느 그립으로 잡는지 등을 배울 텐데 실은 올바른 그립 법이라는 것은 없다. 속도가 빠른 랠리를 하면서 되받아치기 위해서는 그립을 바꿔 잡지 않고 셔틀콕을 치는 경우도 있고, 손가락 사용법이나 몸 사용법 등으로 한 가지 그립으로 대응할 수 있는 경우도 있다.

이 책에서는 실전용으로 좀 더 적합한 그립 법을 '인 그립' '센터 그립' '아웃 그립'으로 소개했다. 이러한 방법은 엄지를 제외한 네 손가락을 주로 사용하는 그립 법이다. 준비 자세에서 라켓 면을 만들기까지는 네 손가락으로 그립을 조작하고, 임팩트 순간 엄지를 붙이거나 미는 타구 법이다. 엄지를 꽉 움켜쥐지 않고 네 손가락에 붙이듯이 가볍게 쥐면 그립을 움직이는 범위가 넓어지고 모든 공에 대응하기 쉬워진다.

2장의 샷 연습법에서는 '인 그립' '센터 그립' '아웃 그립'을 어떤 상황에서 어느 그립으로 잡으면 되는지 명시했다. 다만 그것이 전부라고는 할 수 없다. 상황이나 자세, 사람에 따라 적합한 그립은 바뀌게 된다. 이렇게 하지 않으면 안 된다는 선입관을 버리고 다양한 그립 법과 타구 법을 유연하게 시도해보자.

Column 1

Part 2
샷

다음은 샷에 대해 배워본다. 이번 장에서는 좀 더 질이 높은 샷을 연습할 수 있도록 설명하고 있다. 예를 들면 같은 드롭이라도 좀 더 질이 높은 드롭이라면 에이스 샷이 될 확률이 현저하게 높아진다. 샷을 어느 정도 할 줄 아는 분도 한 번 읽고 좀 더 연습하기를 권한다.

준비 자세

난이도	★☆☆☆☆
시간	5분

얻을 수 있는 효과
- ▶ 기술·감각
- ▶ 셔틀콕의 스피드
- ▶ 컨트롤
- ▶ 지구력
- ▶ 순발력

센터 그립
인 그립
아웃 그립

목표: 오버헤드 스트로크를 효과적으로 한다

Menu 006 올바른 자세를 만든다

● 연습 방법

네트를 정면으로 본 상태에서 우반신을 뒤로 뺀 비스듬한 자세를 만들고 양 팔꿈치를 어깨 높이로 올린 다음 손바닥은 네트 방향을 향한다. 어깨 라인을 일직선으로 유지한 채 오른팔 팔꿈치를 내린다. 그와 동시에 반대쪽 팔꿈치는 조금 올린다. 이 상태에서 라켓을 잡는다(왼손잡이는 반대로).

? 왜 필요한가

쓸데없는 동작을 생략한다

올바른 자세를 만들면 쓸데없는 동작을 생략하고 힘에 의존하지 않는 자세를 익힐 수 있다.

P 포인트

팔꿈치와 어깨 라인을 일직선으로

팔꿈치, 어깨를 연결하는 라인을 일직선으로 만든다. 또 라켓 면은 안쪽을 향하지 않고 바깥쪽을 향하게 한다.

✗ 이 점에 주의

라켓 면이 안쪽을 향하고 있다

라켓 면이 안쪽을 향하고 있으면 그 자세에서 라켓 면이 셔틀콕으로 향하는 동작에 들어가기 위해 셔틀콕에 대해 라켓 면을 만드는 것이 늦어진다.

라켓을 멘다

라켓을 어깨에 메면 팔꿈치의 위치가 낮아져서 라켓을 올바르게 휘두를 수 없다. 라켓을 옆으로 휘두르게 되거나 힘에 의존한 타구법이 되어 라켓의 원심력을 살릴 수 없다.

준비 자세

난이도	★☆☆☆☆
시간	5분

얻을 수 있는 효과
- ▶ 기술·감각
- ▶ 셔틀콕의 스피드
- ▶ 컨트롤
- ▶ 지구력
- ▶ 순발력

센터 그립
인 그립
아웃 그립

목표 > 오버헤드 스트로크를 편하고 강하게 한다

Menu 007 비스듬한 자세에서의 체중 이동

옆모습

앞모습

○ 연습 방법

비스듬하게 서서 올바른 자세를 만든 후 다음 스텝으로서 오른발에 충분히 체중을 실은 상태를 만든다.

? 왜 필요한가

힘에 의존하지 않는 강한 샷을 한다

체중 이동을 하면 힘에 의존하지 않고 편하고 강한 샷을 할 수 있다. 체중 이동을 하지 않으면 상반신의 힘만으로 샷을 하게 되어 쉽게 지친다.

P 포인트

오른 무릎을 구부리고 힘을 모은다

발끝을 네트와 평행하게 하고 오른 무릎을 구부려서 체중을 오른발에 싣는다.

몸의 폭에 자세를 담는다

비스듬하게 서서 자세를 잡은 상태를 정면에서 보면 몸의 폭에 자세가 예쁘게 담겨 있는 것을 알 수 있다. 쓸데없는 동작이 들어가기 어려워서 예쁜 폼으로 칠 수 있고, 동시에 상대방에게 자신을 크게 보이게 하는 효과도 있다.

✗ 이 점에 주의

양발에 체중을 싣고 있다

상반신으로 비스듬하게 선 자세를 만들어도 체중이 양발에 분산된 상태라면 체중 이동을 하기 어렵다. 이 상태에서 셔틀콕을 치러 가면 상반신의 힘만으로 치게 된다.

27

클리어를 습득한다

연속 사진으로 배우는 기본 클리어

목표

센터 그립
인 그립
아웃 그립

클리어는 상대 코트의 뒤쪽을 노려 셔틀콕을 높고 멀리 보내는 샷. 수비를 하기 위해 높이 되받아치는 하이 클리어, 속도를 우선하는 드리븐 클리어가 있는데 우선은 멀리 보내는 것부터 습득하자.

POINT
팔꿈치를 한 번에 올린다

옆모습

앞모습

팔꿈치를 올리면 위에서부터 칠 수 있다

클리어는 비스듬하게 서서 자세를 갖춘 상태에서 **팔꿈치를 한 번에 올려 셔틀콕을 높은 위치에서 치는 것이 중요하다.** 팔꿈치를 올리면 셔틀콕을 위에서 칠 수 있다. 초보자 중에는 팔꿈치를 올리지 못하는 사람이 많다. 팔꿈치가 올라가지 않으면 셔틀콕을 밀어내는 듯한 폼이 되고, 각도도 생기기 어려워서 공이 쉽게 뜨게 된다.

팔꿈치를 올리지 않고 밀어내는 폼

POINT 팔꿈치를 한 번에 올린다

클리어를 습득한다		
난이도	★★★★★	
시간	3분	

얻을 수 있는 효과
▶ 기술 · 감각
▶ 셔틀콕의 스피드
▶ 컨트롤
▶ 지구력
▶ 순발력

| 센터 그립 |
| 인 그립 |
| 아웃 그립 |

목표 > 손목을 세우고 스윙한다

Menu 008 스윙

○ 연습 방법

그립을 기본 센터 그립으로 잡고 손목을 세운다. 라켓이 팔과 90도가 되도록 유지한 채 손목을 돌려 라켓을 휘두른다. 이때 손목뿐만 아니라 어깨부터 움직이도록 한다.

? 왜 필요한가

팔의 회내 · 회외를 마스터한다

팔의 회내와 회외를 사용하여 라켓을 스윙하는 것이 오버헤드 스트로크의 기본이다. 회내 · 회외를 쉽게 마스터하는 것이 이 연습법. 머리 위에서도 어깨, 팔, 손목을 같은 동작으로 사용하여 연습한다.

앞모습

POINT
어깨부터 팔 전체를 사용하여 라켓을 돌린다

P 포인트

360도로 한 바퀴 돌리는 것을 목표로 한다

라켓을 움직이는 가동 범위는 가능한 한 넓은 것이 좋다. 어깨부터 팔 전체를 사용하여 라켓을 한 바퀴 돌리는 것을 목표로 하자. 그러기 위해서는 라켓을 뒤로 움직일 때는 가슴을 열고, 라켓을 앞으로 움직일 때는 가슴을 둥글게 하는 것이 요령이다.

 회내 · 회외란 무엇인가

간단히 말하면 손바닥을 위로 향하는 동작이 회외, 반대로 아래로 향하는 동작이 회내.

옆모습

원 포인트 어드바이스

손목을 돌리는 것이 아니라 어깨를 돌린다는 생각으로

단순히 손목을 돌린다는 생각으로는 애초에 의도한 동작이 되기 어렵다. 손목을 사용하여 돌린다기보다 손목을 어느 정도 고정시키고 어깨부터 돌려서 라켓을 휘두르도록 한다.

손목을 고정하지 않았다

스매싱을 습득한다

목표 › 연속 사진으로 배우는 기본 스매싱

센터 그립
인 그립
아웃 그립

스매싱은 배드민턴의 묘미 중 하나로 이 샷에 매료되는 사람도 많다. 셔틀콕을 상대 코트에 강하게 내리꽂고 싶어 하는 것은 누구나 바라는 바다.

옆모습

POINT
신속하게 셔틀콕 아래로 파고든다

오른발에 체중을 완전히 싣는다

오른발로 바닥을 차면서 체중 이동을 한다

앞모습

원 포인트 어드바이스

셔틀콕에 힘을 전달할 수 있는 임팩트 위치

임팩트 순간, 셔틀콕을 바로 아래에서 치면 힘을 전달하기가 어렵다

셔틀콕 아래로 신속하게 파고든다

체중 이동을 이용하여 셔틀콕에 힘을 전달하기 위해서는 **스윙하기 전에 우선 셔틀콕 아래로 파고드는 것이 중요하다**. 반복 연습을 통해 가장 힘을 많이 넣을 수 있는 위치를 찾아낸다.

33

난이도	★★☆☆☆
시간	5분

스매싱을 습득한다

> **목표** 스매싱 감각을 익힌다

얻을 수 있는 효과

▶ 기술 · 감각
▶ 셔틀콕의 스피드
▶ 컨트롤
▶ 지구력
▶ 순발력

센터 그립
인 그립
아웃 그립

Menu 009 노크 연습

○ 연습 방법

노커가 네트 너머에서 손으로 올려준 셔틀콕을 네트를 아슬아슬하게 넘어가는 높이를 목표로 친다.

? 왜 필요한가

밑으로 치는 감각을 익힌다

네트에서 얼마 떨어지지 않은 위치에서 우선은 **타점, 체중 이동, 네트와의 거리감, 밑으로 치는 감각**을 익힌다. 네트에서 조금씩 멀어지며 어려운 셔틀콕을 칠 수 있도록 연습한다.

옆모습

체중을 이동시키면서 친다

오른발에 체중을 싣고 기다렸다가 임팩트 순간 왼발로 체중을 이동시키면서 친다. 각도가 완만하면 셔틀콕을 컨트롤하기가 어려워서 아웃되기가 쉽다.

NG 체중을 이동시키지 않고 친다

뒷모습

34

📢 노커 포인트!

셔틀콕을 높이 올려서 치기 쉽게 한다

노크 연습은 전반적으로 노커의 능력이 연습 레벨을 좌우한다. 효율적인 연습을 하기 위해서도 선수의 레벨에 맞춰 정확하게 공을 던진다. 이 Menu 009의 경우에는 네트와 서비스 라인의 한가운데 주변에 떨어지도록 공을 높이 올려준다. 궤도가 낮으면 초보자는 자세와 스윙이 맞지 않게 되어 폼을 의식할 수 없게 된다.

→ 참조 페이지
p73 노커의 셔틀콕을 던지는 방법

POINT 왼발에 체중을 이동시키면서 친다

네트를 아슬아슬하게 넘어가도록 친다

POINT 타구 각도를 날카롭게 하겠다는 의식을 갖고 친다

스트레이트 드롭을 습득한다

목표 연속 사진으로 배우는 스트레이트 드롭

센터 그립
인 그립
아웃 그립

셔틀콕이 네트를 넘어 속도가 줄고 직선으로 떨어지는 샷. 코트 뒤쪽에서 랠리 도중에 드롭을 하면 상대를 앞쪽으로 움직이게 할 수 있다. 스트레이트 방향으로 치는 스트레이트 드롭, 크로스 방향으로 치는 크로스 드롭이 있다.

POINT 손목의 각도를 남긴 채 임팩트로

옆모습

셔틀콕 아래로 파고든다

앞모습

타점은 조금 뒤에서 잡는다

타점은 자신이 라켓을 휘두르는 궤도 중에서 최고점이 아니라 조금 뒤에서 잡는 것을 의식하고 치면 라켓 면이 위를 향하여 셔틀콕을 조금 띄워서 네트 바로 앞에 떨어뜨리는 것이 가능해진다. 또 임팩트 순간 손목을 꺾으면 네트에 걸리기 쉬우므로, 손목의 각도를 유지한 채 임팩트 순간을 잡도록 한다.

원 포인트 어드바이스

옆으로 휘두르기

셔틀콕 아래로 파고들지 않고 치면 라켓을 옆으로 휘두르게 되고, 코스도 읽히기가 쉽다.

라켓을 바깥쪽으로 휘두른다는 것을 의식하면 스트레이트로 컨트롤하기 쉽다

크로스 드롭을 습득한다

연속 사진으로 배우는 크로스 드롭

목표

센터 그립
인그립
아웃 그립

크로스 방향으로 치는 드롭. 클리어나 드롭의 코스를 나눠서 치는 것으로 상대를 코트의 네 코너로 뛰어가게 할 수 있다. 드롭의 코스를 나눠서 치는 요령은 라켓 면의 각도를 달리하면 된다.

앞모습

셔틀콕 아래로 파고든다

옆모습

원 포인트 어드바이스

그립과 라켓 면의 각도를 이해하고 스윙한다

센터 그립으로 잡고 오버헤드를 치면 임팩트 순간에는 라켓 면이 네트와 평행하게 되지 않고 자연스럽게 크로스 방향으로 각도가 잡힌다. 따라서 그대로 똑바로 휘두르면 자연스럽게 크로스 방향으로 셔틀콕이 날아가는 것을 알 수 있을 것이다. 즉 셔틀콕을 스트레이트로 컨트롤하기 위해서는 약간 바깥쪽으로 치겠다는 생각으로 라켓을 스윙하면 된다.

POINT 자연스럽게 크로스 방향으로 라켓 면이 향하고 있다

POINT 라켓을 똑바로 휘두르면 크로스로 컨트롤하기 쉽다

POINT 손목의 각도를 남긴 채 임팩트로

드롭을 습득한다		난이도	★★★☆☆
		시간	5분 × 2세트

목표	적절한 타점에서 친다

얻을 수 있는 효과
▶ 기술 · 감각
▶ 셔틀콕의 스피드
▶ 컨트롤
▶ 지구력
▶ 순발력

| 센터 그립 |
| 인그립 |
| 아웃 그립 |

Menu 010 반복 연습

○ 연습 방법

네트 너머에서 파트너에게 자신의 포핸드 뒤쪽으로 셔틀콕을 보내게 하고 드롭을 한다. 드롭을 하고 나면 코트의 중앙으로 돌아와 이 동작을 반복한다.

뒷모습

? 왜 필요한가

머리 뒤에서 받는 감각을 익힌다

셔틀콕을 갑자기 머리 뒤에서 받는 것은 어렵다. 랠리를 반복하면서 서서히 머리 뒤에서 셔틀콕을 받는 감각을 익힌다. 이것은 **드롭의 타점을 잡는 연습이 되는 것과 동시에 코트의 뒤쪽으로 몰렸을 때의 샷 처리와도 공통한다.**

P 포인트

팔과 라켓의 거리감을 이해하고 너무 내리지 않고 대응한다

코트의 뒤쪽으로 날아가는 셔틀콕을 치려고 라켓을 너무 내리면 타점이 앞에 오게 된다. 머리 뒤에서 셔틀콕을 받는 것이 필요하므로 **쓸데없이 너무 내릴 필요가 없다.** 팔에서 라켓의 거리감을 이해해두는 것이 중요하다.

옆모습

드롭으로 띄우는 것을 두려워하지 않는다

공중에 띄운 셔틀콕은 상대에게 공격할 기회를 준다고 생각하기 쉬운데 네트에 대해 셔틀콕은 오른쪽 그림과 같이 들어가기 때문에 상대가 쉽게 공격하지 못한다. 또 **셔틀콕을 띄워서 상대가 칠 때까지의 시간을 벌 수 있으므로** 자세를 갖출 수도 있다. 반대로 코트 뒤쪽으로 몰린 자세에서 셔틀콕을 멀리 쳤을 때 상대가 곧장 네트 앞으로 잘라 들어오면 코트 중앙으로 돌아오는 시간이 없어서 불리한 자세가 된다. 이처럼 완만한 타구를 구사하여 시간을 활용하는 방법에 의해 게임을 만들어가는 것도 배드민턴의 묘미다.

머리 뒤에서 받는다

하프 커트를 습득한다

연속 사진으로 배우는 하프 커트

> 목표

센터 그립	
인 그립	F
아웃 그립	B

배드민턴에서는 다양한 포지션이나 상황에 맞춰 샷을 한다. 오버헤드가 아니라 몸 옆에서 커트처럼 치는 경우도 있다. 셔틀콕을 강하게 날리는 것이 아니고, 네트 앞에서의 완만한 샷과도 다른 컨트롤 샷이다.

옆모습 / 오른발을 셔틀콕 아래로 가게 한다 / 포핸드

오른발을 셔틀콕 아래로 가게 한다 / 앞모습

 **중간 공을 가볍게 컨트롤하는 샷**

별로 들어보지 못한 샷의 이름일지도 모른다. 특히 복식경기에서는 코트의 중간 지역에서 서로 공을 치는 경우가 많아진다. 오버헤드로는 대응하기 어렵고, 그 지역으로 온 샷을 드라이브처럼 강하게 되받아치는 것이 아니라 라켓 면을 만들어서 가볍게 치는 것을 이 책에서는 '하프 커트'라고 부른다.

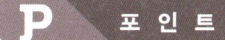 **포인트**

셔틀콕 아래로 몸을 넣는다

셔틀콕 아래로 몸을 넣어 라켓 면을 만들고, 그 라켓 면을 비스듬하게 아래로 밀어내듯이 친다. 라켓 면으로 때려서 셔틀콕을 날리는 것이 아니라 셔틀콕을 옮긴다는 생각으로 친다. 가볍게 친다는 생각이 중요하다.

하프 커트를 습득한다

난이도	★★★★★
시간	5 분

얻을 수 있는 효과
- ▶ 기술 · 감각
- ▶ 셔틀콕의 스피드
- ▶ 컨트롤
- ▶ 지구력
- ▶ 순발력

센터 그립
인 그립 F
아웃 그립 B

목표 > 라켓 면을 만드는 법을 배운다

Menu 011 스윙

○ **연습 방법** 라켓 면을 만들고, 면의 각도는 바꾸지 않고 비스듬하게 아래를 향해 라켓을 가볍게 움직인다.

원 포인트 어드바이스

라켓 면에 각도를 줘서 밀어낸다

라켓 면은 바로 아래로 내려치는 것이 아니라 면에 각도를 준 상태에서 밀어내듯이 친다. 흔히 셔틀콕을 잘라서 친다고 표현하는데 '자른다'기보다 '밀어낸다' 또는 '옮긴다'는 생각으로 친다. 하프 커트뿐만 아니라 섬세한 샷은 이 터치를 의식하는 것이 중요하다. 그 후에는 내려치는 방향에서 셔틀콕의 코스를 컨트롤한다.

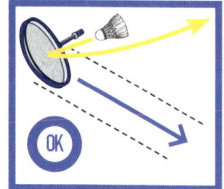

▲ 각도를 줘서 밀어낸다   ▲ 바로 아래로 내려친다

하프 커트를 습득한다

난이도	★★★☆☆
시간	F·B × 각 5분

얻을 수 있는 효과
- ▶ 기술 · 감각
- ▶ 셔틀콕의 스피드
- ▶ 컨트롤
- ▶ 지구력
- ▶ 순발력

센터 그립
인 그립	F
아웃 그립	B

목표: 하프 커트 감각을 익힌다

Menu 012 노크 연습

○ 연습 방법

노커는 하프 사이드 방향으로 셔틀콕을 던진다. 그것을 네트에 떨어뜨리든, 하프로 치든 코스를 의식하면서 친다.

? 왜 필요한가

복식경기에서 자주 사용하는 샷

복식경기에서 특히 많은 샷. 기초 치기가 아니라 샷이므로 그 이외의 메뉴에서 연습하는 것에 의해 복식경기의 고수가 될 수 있다.

P 포인트

라켓을 멈추지 않는다

치는 순간에 스윙을 멈추면 코스가 읽히기 쉽다. 라켓을 휘두르면서 코스를 노린다.

치는 순간 스윙을 멈춘다

드라이브를 습득한다

목표 › 연속 사진으로 배우는 기본 드라이브

센터 그립	F · B
인 그립	F
아웃 그립	B

네트를 스치는 듯한 높이로 마루와 평행하게 날리는 샷. 랠리를 할 때는 상대가 친 공도 빨라지므로 작은 테이크백에서 간결하게 휘두른다. 복식경기에서 쓰이는 경우가 많다.

옆모습 / 오른발과 오른손 손목을 셔틀콕 아래로 들어가게 한다 / 포핸드

앞모습 / 오른발과 오른손 손목을 셔틀콕 아래로 들어가게 한다

셔틀콕 아래로 몸을 넣어 컨트롤

발을 사용하여 셔틀콕 아래로 몸을 넣고 오른손 손목을 셔틀콕 아래에 세트 함으로써 라켓 면이 위를 향하고, 거기서 그립을 힘껏 쥐는 타이밍을 맞추면 셔틀콕이 직선으로 날아간다. 몸이 들어오지 않은 상태에서 셔틀콕을 치면 네트에 걸리는 등의 실수를 하게 된다.

몸이 들어가지 않은 상태에서 친다

오른발과 오른손 손목을 셔틀콕 아래로 들어가게 한다

오른발과 오른손 손목을 셔틀콕 아래로 들어가게 한다

드라이브를 습득한다

난이도	★★★★★
시간	F·B×각 5분
얻을 수 있는 효과	
▶ 기술·감각	
▶ 셔틀콕의 스피드	
▶ 컨트롤	
▶ 지구력	
▶ 순발력	
센터 그립 F·B	
인 그립 F	
아웃 그립 B	

목표

드라이브 감각을 익힌다

Menu 013 노크 연습

연습 방법

네트 바로 앞에서 셔틀콕을 던지게 한다. 반복해서 드라이브를 한다.

P 포인트

발을 사용하여 몸을 셔틀콕 아래로 넣어서 목표로 한 곳으로 칠 수 있게 한다

셔틀콕 아래로 몸을 넣는다

노커 포인트!

몸에서 조금 떨어진 곳으로 던진다

선수의 몸에서 조금 떨어진 곳에 셔틀콕을 던지면 발을 사용하여 셔틀콕을 받는 감각을 의식하게 하기 쉽다.

드라이브를 습득한다

난이도	★★★★★
시간	F·B×각 5분

얻을 수 있는 효과
▶ 기술·감각
▶ 셔틀콕의 스피드
▶ 컨트롤
▶ 지구력
▶ 순발력

| 센터 그립 F·B |
| 인 그립 F |
| 아웃 그립 B |

목표 > 코스나 길이를 컨트롤하여 친다

Menu 014 반복 연습

손목 위에서 친다

○ 연습 방법

네트를 사이에 두고 두 사람이 드라이브를 한다. 숙달되면 샷의 길이를 조절하거나 네트를 아슬아슬하게 넘어가도록 치면서 연습한다.

? 왜 필요한가

드라이브의 응수에서 우위에 서도록 한다

복식경기에서는 전위에서 드라이브로 응수하는 경우가 많다. 네트를 아슬아슬하게 넘어가는 것을 목표로 하든가 하프에 떨어뜨리든가……. 코스나 길이를 컨트롤하면서 치는 것이 필요하다.

P 포인트

손목 위에서 셔틀콕을 친다

반복 연습이라 할지라도 몸을 확실하게 셔틀콕 아래로 넣는다는 의식을 갖자. 손목 위에서 셔틀콕을 치면 타점이 내려가도 공격적인 샷을 할 수 있다.

손목 위에서 친다

푸시를 습득한다

목표: 연속 사진으로 배우는 기본 푸시

| 센터 그립 F · B |
| 인 그립 F |
| 아웃 그립 B |

네트 근처에서 떠오른 셔틀콕을 상대 코트에 때려 넣는 푸시. 한 번에 결정지으려고 하는 것보다 간결한 스윙으로 치고 바로 다음 셔틀콕에 대비하여 준비할 때까지의 흐름을 몸으로 익힌다.

POINT 치고 나면 바로 다음 준비를 한다

옆모습 / 포핸드 / 앞모습

피니시 후 바로 준비 자세로 돌아온다

푸시는 치고 끝내는 것이 아니라 다음 공에 대한 준비까지를 일련의 흐름으로 하는 것이 중요하다. 네트 근처에서 빠르게 때려 넣는 푸시는 그만큼 **상대가 받아친 공도 빨라지기** 때문이다.

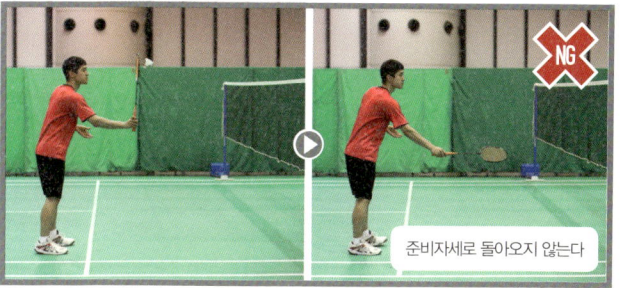

원 포인트 어드바이스

준비자세로 돌아오지 않는다

POINT 치고 나면 바로 다음 준비를 한다

백핸드

앞모습

푸시를 습득한다

난이도	★★★☆☆
시간	F·B×각 5분

얻을 수 있는 효과

▶ 기술·감각
▶ 셔틀콕의 스피드
▶ 컨트롤
▶ 지구력
▶ 순발력

센터 그립 F·B
인 그립 F
아웃 그립 B

목표: 푸시 감각을 익힌다

Menu 015 노크 연습

○ 연습 방법

노커는 네트 너머로 셔틀콕을 던지고 선수는 푸시를 한다.

P 포인트

발과 팔의 타이밍을 맞추고, 바닥을 디디는 발에 체중을 너무 많이 싣지 않는다

푸시는 발을 내딛는 타이밍과 셔틀콕을 치는 타이밍을 맞추면 하기 쉽다. 발이 뜬 상태에서 라켓만 내밀어 치면 헛스윙을 하거나 미스로 연결되기 쉽다. 또 치고 난 후에 내딛은 오른발에 체중을 너무 많이 실으면 다음 공에 대한 준비가 늦어지므로 가능한 한 양발의 한가운데에서 중심을 유지할 것을 권한다.

발이 바닥에 닿기 전에 친다

체중을 너무 많이 실었다

> **Q** 푸시가 아웃되지 않게 하려면 어떻게 해야 하나?

A 평평하게 치는 것이 아니라
셔틀콕을 자르듯이 치면 컨트롤할 수 있다

푸시는 힘을 주어 치는 경향이 있으므로 아웃되기 쉽다. **몸의 긴장을 풀고 셔틀콕의 코르크 부분을 자르듯이 치면** 코스나 셔틀콕이 날아 가는 거리를 컨트롤할 수 있다. 이때 인 그립으로 치면 라켓을 내미는 것만으로도 셔틀콕을 제대로 자르듯이 칠 수 있다.

언더 클리어를 습득한다

연속 사진으로 배우는
기본 언더 클리어(포핸드)

> 목표

| 센터 그립 |
| 인 그립 |
| 아웃 그립 |

언더 클리어는 드롭이나 헤어핀 등 셔틀콕이 네트 근처에 떨어졌을 때 코트 뒤쪽까지 높은 궤도로 받아치는 샷이다. 포핸드와 백핸드의 포인트가 다르므로 각각 배워본다.

옆모습 — 셔틀콕과의 거리감을 측정한다.

앞모습

원 포인트 어드바이스

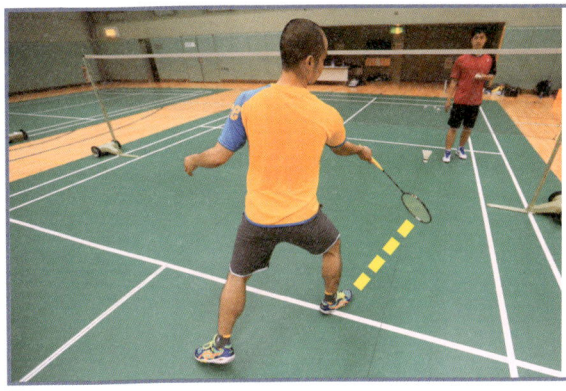

디디는 발의 연장선상에서 받는다

포핸드와 백핸드가 공통적으로 셔틀콕이 떨어지는 방향으로 오른발을 디디고 발을 디디는 타이밍에서 셔틀콕을 받는다. 그리고 언더 클리어를 할 때는 발을 차는 힘으로 라켓을 휘둘러 올리면 셔틀콕을 쉽게 올릴 수 있다. 내디딘 발의 연장선상에서 셔틀콕을 받도록 한다.

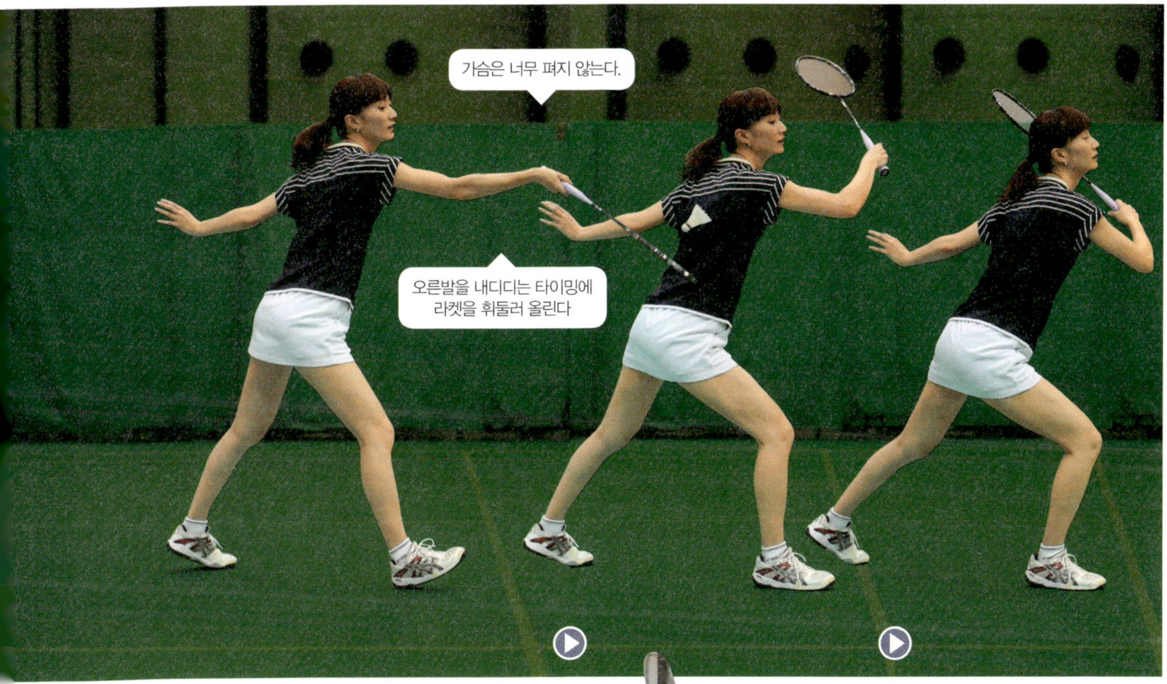
가슴은 너무 펴지 않는다.
오른발을 내디디는 타이밍에 라켓을 휘둘러 올린다

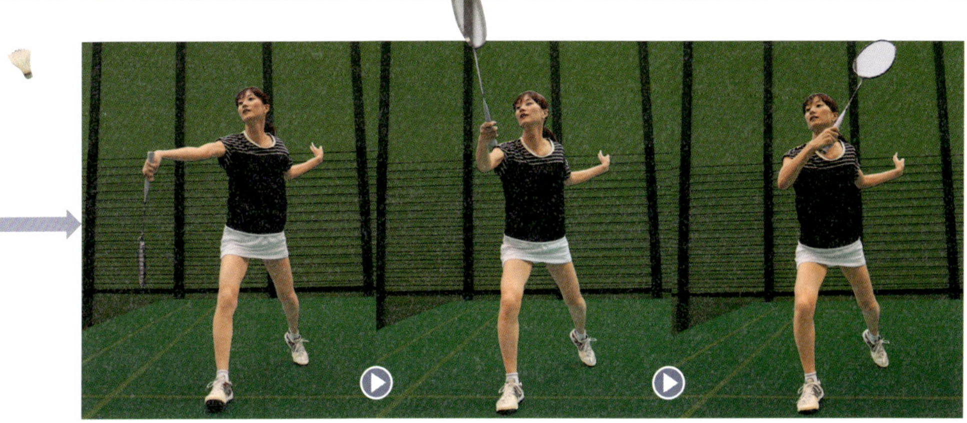

언더 클리어를 습득한다

연속 사진으로 배우는 기본 언더 클리어(백핸드)

목표

| 센터 그립 |
| 인 그립 |
| 아웃 그립 |

타점이 조금 늦어도 스윙이 옹색해지지 않는 등 타점의 폭이 넓어서 백핸드는 포핸드보다 치기 쉽다. 발을 확실하게 디디고 쳐서 코트 뒤쪽까지 날려 보낸다.

팔은 너무 뻗지 않는다

POINT
셔틀콕이 날아오는 방향으로 오른발을 내디딘다.

POINT
셔틀콕이 날아오는 방향으로 오른발을 내디딘다.

앞모습

셔틀콕과의 거리감을 익힌다

언더 클리어를 할 때는 셔틀콕에 너무 가까우면 옹색한 폼이 되어버리므로 거리감이 중요하다. 라켓을 편안하게 휘두를 수 있는 거리감을 익힐 수 있도록 연습한다. 기준은 팔꿈치에 적당한 여유를 갖게 하고 라켓을 비스듬하게 앞으로 내민 위치. 어깨죽지에서 눈으로 확인할 수 있는 위치에 타점을 설정하고 셔틀콕을 받는다. 팔꿈치를 펴서 팔이 쭉 뻗은 상태에서는 손목을 세울 수가 없어서 셔틀콕을 제대로 올릴 수 없으므로 주의한다.

원 포인트 어드바이스

타점이 몸에 너무 가깝다

옆모습

손목을 세우고 셔틀콕을 받는다

팔은 너무 뻗지 않는다

손목을 세우고 셔틀콕을 받는다

언더 클리어를 습득한다		난이도	★★★☆☆
		시간	F·B×각 5분

목표	언더 클리어 감각을 익힌다

얻을 수 있는 효과
▶ 기술·감각
▶ 셔틀콕의 스피드
▶ 컨트롤
▶ 지구력
▶ 순발력
센터 그립 F·B
인 그립 F
아웃 그립 B

Menu 016 노크 연습

○ **연습 방법** 노커는 네트 너머로 셔틀콕을 던지고 선수는 언더 클리어를 한다. 숙달되고 나면 치고 싶은 코스를 노려서 친다.

포핸드

P 포인트

발을 디디는 타이밍에 따라 각각 치는 감각을 연습한다

셔틀콕과의 거리감을 의식하며 친다. 또 발을 디디는 것과 동시에 셔틀콕을 치는 경우, 발을 디디고 나서 치는 경우, 양쪽을 모두 쳐보면서 감각의 차이를 실감해본다. 발을 디디고 나서 셔틀콕을 칠 때는 힘을 넣기 쉽고, 또 발을 디디는 것과 동시에 칠 때는 셔틀콕을 컨트롤하기 쉽다는 장점이 각각 있으므로 경우에 따라서 나눠 사용하면 된다.

발을 디디고 나서 친다

발을 디디는 것과 동시에 친다

백핸드

59

스매싱 리시브를 습득한다

연속 사진으로 배우는 기본 스매싱 리시브

| 센터 그립 F·B |
| 인 그립 |
| 아웃 그립 F·B |

상대방의 강한 스매싱을 리시브하는 샷. 백핸드 쪽이 대응할 수 있는 범위가 넓으므로 우선은 백핸드부터 알아본다.

백핸드 앞모습
- 간결하게 라켓을 준비하고 라켓 면을 빨리 만든다
- 겨드랑이를 조금 벌린다

포핸드 앞모습
- 겨드랑이를 조금 벌린다
- 간결하게 라켓을 준비하고 라켓 면을 빨리 만든다

원 포인트 어드바이스

왼손을 신속하게 뒤로 당기고 라켓을 내민다

몸의 축을 무너뜨리지 않고 라켓 면을 빨리 만들기 위해서는 왼손을 사용하는 방법이 중요하다. 스매싱 리시브는 언제나 자신이 받기 쉽게만 오는 것이 아니므로 라켓을 휘두른다기보다는 라켓 면을 빨리 만들어서 리턴하는 것이 성공의 열쇠가 되는데 라켓 면을 만들 때 얼굴의 위치가 아래위로 움직여서 축이 무너져버리면 미스를 하기 쉬워진다. 라켓을 잡은 오른손만으로 조절하려고 하면 얼굴 축이 무너지기 쉬우므로 왼손을 재빨리 뒤로 빼는 것에 의해 오른손을 내밀 듯이 하면 축을 무너뜨리지 않고 라켓을 내밀 수 있다.

왼손을 빼는 것에 의해 오른손을 내민다

축이 무너지지 않도록 조심한다

백핸드 / 옆모습

겨드랑이를 조금 벌리고, 라켓을 잡기 쉬운 상태로 만든다

테이크백은 거의 하지 않고 간결하게 라켓을 휘두른다

포핸드 / 옆모습

테이크백은 거의 하지 않고 간결하게 라켓을 휘두른다

자세를 잡을 때 겨드랑이를 조금 벌리고 라켓을 잡기 쉬운 상태로 만든다

스매싱 리시브를 습득한다

목표: 몸 주변의 리시브 종류를 배운다

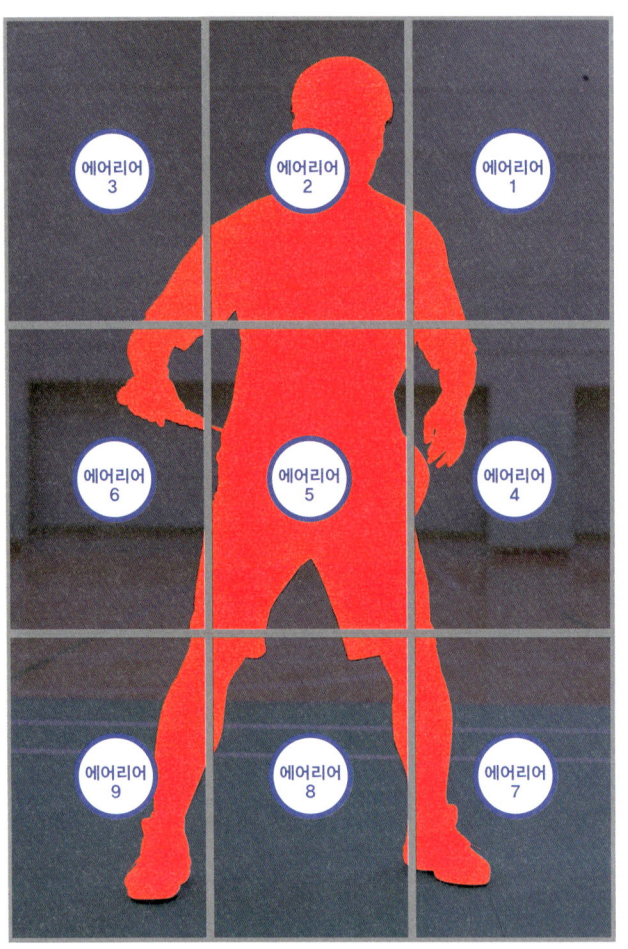

POINT 기본은 백핸드로 친다

POINT 포핸드로도 칠 수 있으면 폭이 넓어진다

? 왜 필요한가

에어리어별 리턴 방법을 배운다

스매싱 리시브는 상대의 강한 스매싱을 리턴해야 하기 때문에 순간적으로 라켓 면을 만들어서 대응할 필요가 있다. 그 때문에 가능한 한 넓은 범위에 대응할 수 있는 백핸드로 리턴하는 경우가 많지만, 포핸드 쪽의 먼 에어리어에서 리턴하는 경우나, 포핸드 쪽으로 오는 것을 미리 예측할 수 있는 경우 등은 포핸드로 대응할 수도 있다. 몸 주변의 에어리어별 리시브의 리턴 방법을 배워보자.

에어리어 ①~③의 포인트

스매싱 리시브는 백핸드로 치는 것이 안정적이다. 에어리어 ①~③에서는 **기본적으로 백핸드로 대응**하지만, 예를 들어 상대가 치는 코스를 예측하여 포핸드 쪽에서 기다리고 있을 때나 셔틀콕 아래로 파고들어 가서 칠 여유가 있을 때 등은 포핸드로 대응할 수도 있다. 여자 선수 등 백핸드로 강한 공을 보낼 수 없는 경우는 포핸드로도 칠 수 있다는 것을 염두에 두면 좋다.

에어리어 ① 기본 리턴 — 백핸드로 아웃 그립

에어리어 ① 챌린지 — 포핸드로 인 그립

에어리어 ② 기본 리턴 — 백핸드로 아웃 그립

에어리어 ② 챌린지 — 포핸드로 인 그립

에어리어 ③ 기본 리턴 — 백핸드로 아웃 그립

에어리어 ③ 챌린지 — 포핸드로 인 그립

P 포인트

에어리어 ④~⑥의 포인트

몸 주변은 허리 아래에서도 기본적으로는 거의 백핸드로 대응한다. 포핸드 쪽의 낮은 에어리어는 어떻게 칠지 고민되지만, 백핸드로 리턴할 수 있으면 안정된 리시브가 가능하다. 예를 들어 에어리어 ⑥에서 치는 방법은 '백핸드로 대응한다' '포핸드로 대응한다' '백핸드 그립으로 팔꿈치를 당겨 대응한다'는 세 가지 패턴이 있다. 백핸드에서의 리시브를 마스터했다면 다른 두 가지 방법에도 도전해보자.

에어리어 ④ 기본 리턴 — 백핸드로 아웃 그립

에어리어 ⑤ 기본 리턴 — 백핸드로 아웃 그립

에어리어 ⑤ 챌린지 — 포핸드로 인 그립

에어리어 ⑥ 기본 리턴 — 백핸드로 아웃 그립

에어리어 ⑥ 챌린지 — 포핸드로 인 그립

에어리어 ⑥ 챌린지 — 백핸드로 아웃 그립

P 포인트

에어리어 ⑦~⑨의 포인트

발끝 부분의 샷은 치는 기술도 물론 필요하지만 고관절이나 무릎의 사용법도 중요하다. 무릎을 편 상태에서는 안정된 샷을 할 수 없다. 각도가 있는 공에 대해서는 낮은 자세로 대비하는 것이 자연스럽게 움직이기가 쉽다. 또 중심이 발뒤꿈치에 모이면 라켓 면을 만드는 것이 늦어지므로 앞으로 기울이는 자세로 대응한다.

에어리어 ⑦ 기본 리턴 — 백핸드로 아웃 그립

에어리어 ⑧ 기본 리턴 — 백핸드로 아웃 그립

에어리어 ⑨ 기본 리턴 — 백핸드로 아웃 그립

에어리어 ⑨ 챌린지 — 포핸드로 인 그립

EXTRA

앞으로 기울이는 자세를 취하여 공간을 만든다

라켓을 앞으로 내밀고 몸도 앞으로 기울이는 자세를 취하면 몸과 라켓 사이에 공간이 생긴다. 이 공간에서 테이크백을 하여 리시브 타이밍을 맞춘다. 발의 스탠스도 좁아지지 않도록 주의한다. 또 오른발 앞에서도, 왼발 앞에서도 대응할 수 있게 연습한다.

POINT 몸을 앞으로 기울이고 라켓을 앞으로 내밀면 공간이 생긴다

POINT 스탠스는 조금 넓게 잡는다

Q 에어리어 6과 에어리어 9로 온 셔틀콕을 목표 지점으로 보낼 수 없는 이유는?

A '라켓 면을 만든다' '앞으로 내민다' 는 동작을 2단계로 나눠서 친다

스매싱 리시브를 상대 코트로 잘 보내기 위해서는 ①라켓 면을 만들고, ②라켓을 앞쪽으로 내민다는 2단계의 동작을 순서대로 해야 한다. 오른쪽의 연속 사진에서는 스윙이 바깥으로 흘러가버려서 ①과 ②의 2단계 동작이 되지 않았다. 라켓이 바깥쪽으로 돌면 ①의 라켓 면을 만드는 동작도 어정쩡해지고, 라켓 면을 만들지 않은 샷은 안정적이지 못하다. 왼쪽의 연속 사진과 같이 ①의 라켓 면을 만들고, ②~④의 라켓을 앞으로 내미는 것이 올바르다. 또 어깨부터 확실하게 돌림으로써 안정된 스윙을 할 수 있기 때문에 팔꿈치를 앞으로 내밀어 어깨부터 치는 폼을 의식하고 있어야 한다.

스매싱 리시브를 습득한다

난이도	★☆☆☆☆
시간	5분

얻을 수 있는 효과
- ▶ 기술·감각
- ▶ 셔틀콕의 스피드
- ▶ 컨트롤
- ▶ 지구력
- ▶ 순발력

센터 그립
인 그립
아웃 그립

목표: 강한 스매싱에 익숙해진다

Menu 017 스매싱을 받는다

스매싱 궤도를 확인한다

연습 방법

네트를 사이에 두고 상대 코트에서 스매싱을 때리면 스매싱 리시브 자세를 갖추고 그것을 받아치지 않고 궤도만 눈으로 확인한다.

왜 필요한가

강한 스매싱의 공포심을 없앤다

스매싱 리시브를 잘하지 못하는 원인으로는 속도가 있는 셔틀콕이 날아오는 것을 보고 몸이 경직되어버리거나 조건반사로 몸을 뒤로 빼는 것 등을 들 수 있다. 그렇기 때문에 우선은 공포심을 없애고, 객관적인 시점에서 셔틀콕의 궤도를 확인하는 것이 필요하다.

이 점에 주의

무서워서 몸을 뺀다

스매싱이 무서워서 반사적으로 반응해버리면 몸을 빼거나 중심이 높아져버린다. 중심이 낮아지지 않으면 셔틀콕에 대해 라켓 면을 만들 수 없고, 안정된 샷을 할 수 없다.

셔틀콕을 피한다

셔틀콕을 피하면 셔틀콕을 볼 수 없고, 리턴도 어렵다.

포인트

어떻게 리턴할지 상상한다

공포심을 갖지 않고 셔틀콕을 볼 수 있게 되었다면 다음은 셔틀콕을 어떤 코스로 칠지 따위의 생각을 해본다.

스매싱 리시브를 습득한다

난이도	★★★☆☆
시간	5 분

얻을 수 있는 효과

▶ 기술 · 감각
▶ 셔틀콕의 스피드
▶ 컨트롤
▶ 지구력
▶ 순발력

센터 그립
인 그립
아웃 그립

목표: 빠른 랠리에 익숙해진다

Menu 018 벽치기

○ 연습 방법

벽을 향해 셔틀콕을 치고 그것을 받는다. 친 후 바로 라켓을 준비하여 다음 리턴에 대비한다.

P 포인트

팔꿈치와 손목, 손가락을 함께 사용한다

벽치기는 셔틀콕이 돌아오는 속도가 빠르므로 빠른 준비가 필요하다. 또 손목만 사용하여 치면 금방 지쳐버리므로 팔꿈치와 손목, 손가락을 타이밍에 맞춰 함께 사용한다는 의식을 갖고 치면 쉽게 안정되어 오래 지속할 수 있다.

EXTRA 포핸드나 무거운 라켓으로도 해보자

백핸드로 치는 경우가 많지만 의식적으로 포핸드로도 리턴해보자. 포핸드 · 백핸드를 교대로 치거나 포핸드 · 포핸드 · 백핸드 등 스스로 조정해서 해보는 것도 좋다. 또 트레이닝용 무거운 라켓으로 연습하면 힘이 붙을 뿐만 아니라 라켓 면이 셔틀콕에 닿는 방법을 의식하기가 쉽다.

Level UP!

라켓 면의 사용법에 따라 셔틀콕의 궤도가 바뀐다

리시브 때 라켓 면 사용법에 따라 셔틀콕의 방향이나 궤도를 조작할 수 있으므로 상황에 따라서 의식적으로 사용법을 달리할 수 있게 되면 좋을 것이다.

1. 라켓 면을 위로 향하여 셔틀콕을 리턴한다

라켓 면을 위로 향하고 셔틀콕의 코르크가 아래를 향하도록 리턴하면 조금 띄우기 쉽고 네트를 넘기기 쉬운 샷이 된다.

라켓 면을 위로 향해서 친다

2. 라켓 면을 아래로 향하도록 덮어씌워서 셔틀콕을 리턴한다

셔틀콕의 코르크가 위로 향하도록 라켓 면을 아래로 덮어씌워서 리턴하면 셔틀콕은 네트를 넘어서 가라앉는 듯한 궤도가 된다.

라켓 면을 덮어씌워서 친다

헤어핀을 습득한다

> **목표**
>
> # 연속 사진으로 배우는 기본 헤어핀

센터 그립	F·B
인 그립	F·B
아웃 그립	F·B

네트 근처에서 라켓으로 셔틀콕을 옮겨 상대 코트의 네트 근처로 보내는 배드민턴만의 특징적인 샷. 치는 것보다 감각적인 부분이 중요해지므로 많은 연습을 통해 셔틀콕을 옮기는 감각을 익힌다.

옆모습 / 포핸드

셔틀콕 근처까지 들어가서 라켓을 셔틀콕 아래로

POINT 손으로 조절하는 것이 아니라 몸으로 치러 간다고 생각한다

포핸드 / 앞모습

기본적으로 포핸드는 인 그립, 백핸드는 아웃 그립

헤어핀은 포핸드와 백핸드 모두 어느 그립이든 사용하지만, 특히 포핸드는 센터 그립에서 약간 안쪽으로 기울인 인 그립, 백핸드는 센터 그립에서 약간 바깥쪽으로 기울인 아웃 그립이 최적이다.

원 포인트 어드바이스

인 그립 / 아웃 그립

POINT
손으로 조절하는 것이 아니라 몸으로 치러 간다고 생각한다

셔틀콕 근처까지 들어가서 라켓을 셔틀콕 아래로

옆모습 / 백핸드

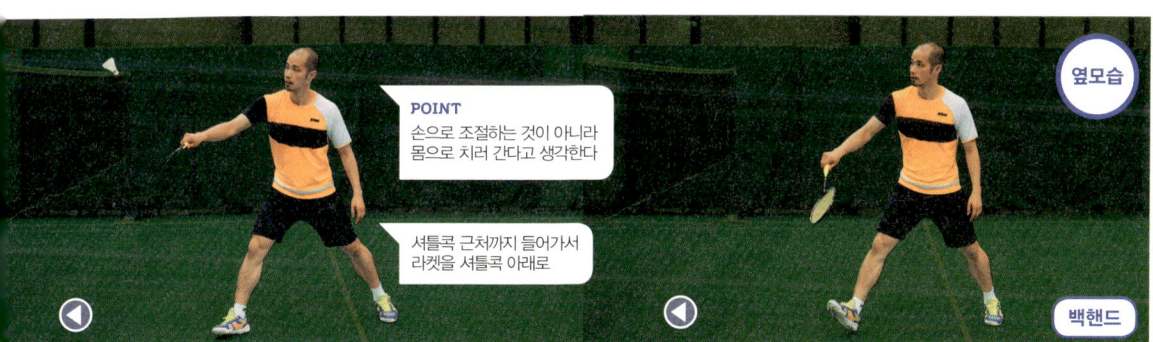

백핸드 / 앞모습

헤어핀을 습득한다

난이도	★★★☆☆
시간	F·B×각 5분

얻을 수 있는 효과

▶ 기술·감각
▶ 셔틀콕의 스피드
▶ 컨트롤
▶ 지구력
▶ 순발력

센터 그립 F·B
인그립 F·B
아웃 그립 F·B

목표: 실전에 도움이 되는 헤어핀을 연습한다

Menu 019 노크 연습

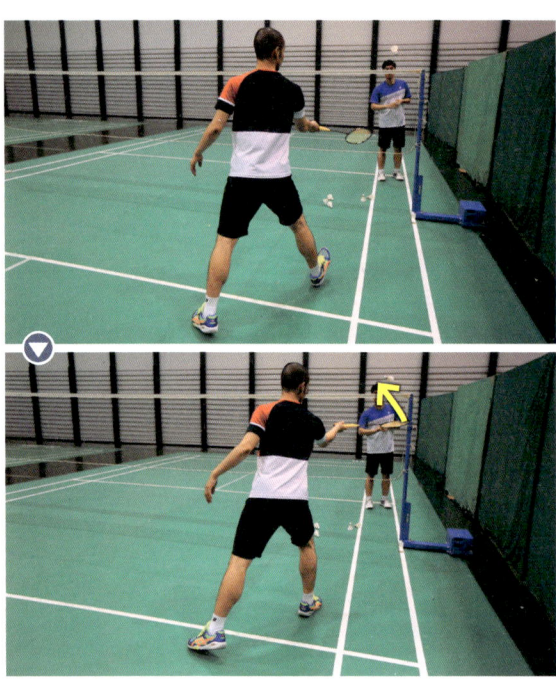

ⓞ 연습 방법

네트 너머에서 노커가 던져준 셔틀콕을 받는다. 노커는 실제 시합을 가정하여 정면에서 던지거나 코트 중앙 부근에서 크로스로 던지는 등 장소를 바꿔가며 던진다.

P 포 인 트

목적에 따라 칠 때까지의 거리를 바꾼다

기본 폼을 습득하기 위해서는 한 걸음 내디디는 정도의 포지션에서 출발하여 셔틀콕을 친다. 또 코트의 센터 부근에서 출발하여 앞으로 비스듬하게 나와 셔틀콕을 치는 동작도 추가하면 실전에 좀 더 도움이 된다.

원 포인트 어드바이스

몸의 메커니즘을 이해하며 움직인다

움직이면서 타점으로 들어가려고 발을 크게 내디디면 자연스럽게 중심이 떨어지는데, 그때 머리가 떨어지는 상태가 되어 라켓을 내밀면 시선도 떨어지기 때문에 라켓이나 셔틀콕을 컨트롤하기가 어려워진다. 이때는 발을 내딛기 전에 먼저 무릎을 가볍게 구부려서 낮은 자세로 다리를 내딛고 무릎을 편다. 그 상태에서 라켓을 아래에서 내밀면 셔틀콕을 컨트롤하기가 쉬워진다.

노커의 셔틀콕을 던지는 방법

노크 연습 때 노커의 셔틀콕을 던지는 방법은 샷 습득을 위해서 중요한 요소가 된다. 어떤 샷을 하는지, 어떤 연습을 하는지 등 연습의 의미에 따라서 던지는 방법도 바뀌므로 '치기 쉬운 노크' '간신히 받을 수 있는 노크' 등 연습의 의도를 생각하면서 셔틀콕을 던지면 된다.

1. 아래에서 던진다

셔틀콕의 코르크 부분을 던지는 방향으로 향하고 아래에서 던진다.

2. 위에서 던진다

위에서 던지는 경우도 셔틀콕의 코르크 부분을 던지는 방향으로 향하고 던진다.

셔틀콕의 코르크 부분을 자기 쪽으로 향한 채 던지면 셔틀콕의 궤도가 안정되기 어렵다.

Level UP!

스핀 네트도 재현 가능

손으로 던져서 스핀 네트를 재현하는 것도 가능하다. 엄지를 위로 하여 셔틀콕의 코르크 부분을 잡고, 손목을 자기 쪽으로 돌리면서 던지면 셔틀콕이 회전하며 스핀 네트와 같은 궤도로 날아간다. 스핀 네트를 리턴하는 연습은 주로 상급자가 많이 하지만 이 방법으로 셔틀콕의 궤도를 잘 보면서 리턴 연습을 할 수 있으므로 도전해보는 것도 좋다.

백핸드 클리어를 습득한다

연속 사진으로 배우는 백핸드 클리어

목표

센터 그립
인 그립
아웃 그립

백핸드 뒤쪽으로 날아오는 셔틀콕은 돌아 들어가서 라운드 스윙으로 치는 경우가 많은데, 시간적으로 돌아 들어갈 여유가 없을 때는 백핸드로 리턴한다. 이 백핸드 클리어는 상급자 레벨의 샷이지만 실전에서는 필요한 기술이므로 반드시 습득하자.

원 포인트 어드바이스

그립을 잘 움직인다

백핸드 클리어는 인 그립(엄지를 세운다)으로 잡고 팔의 회외를 사용하여 라켓을 움직이는 것이 중요하다. 백핸드 클리어는 셔틀콕을 날려 보내는 것이 어려운 샷이지만 이 동작을 함으로써 셔틀콕을 날려 보낼 수 있다.

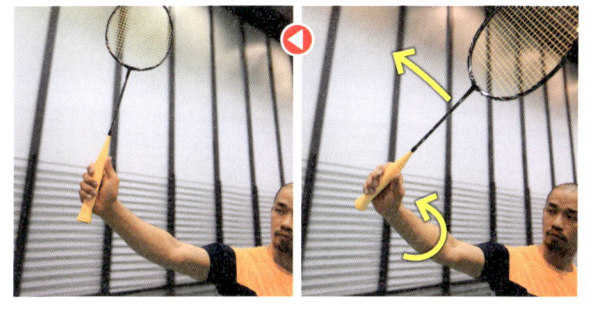

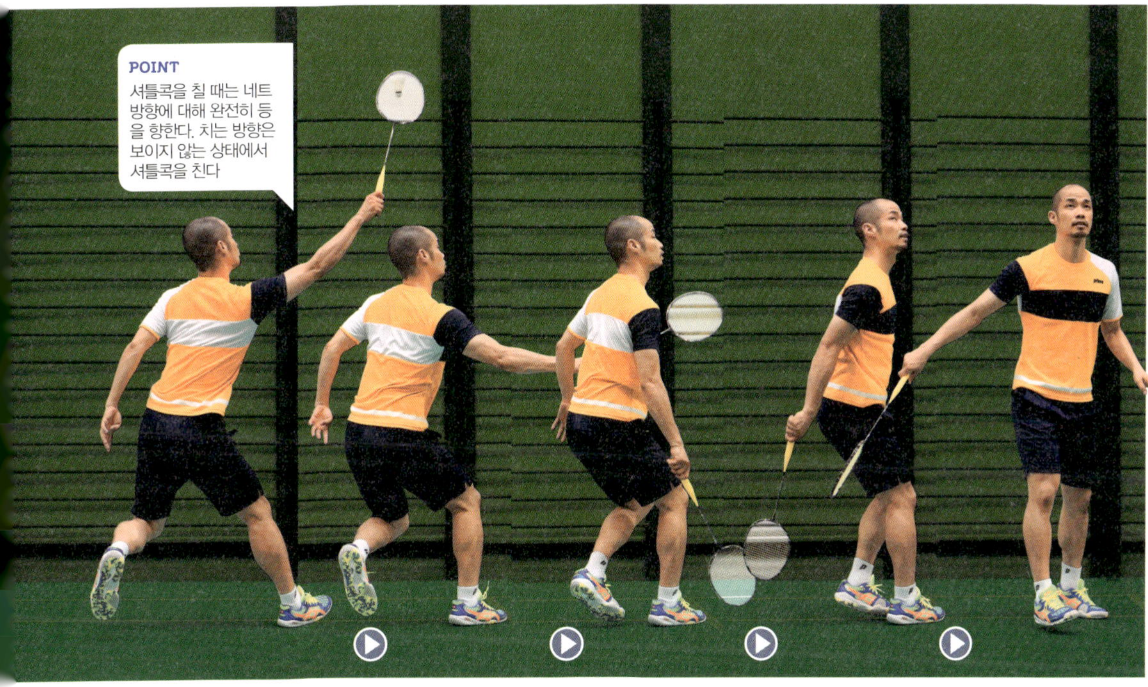

POINT
셔틀콕을 칠 때는 네트 방향에 대해 완전히 등을 향한다. 치는 방향은 보이지 않는 상태에서 셔틀콕을 친다

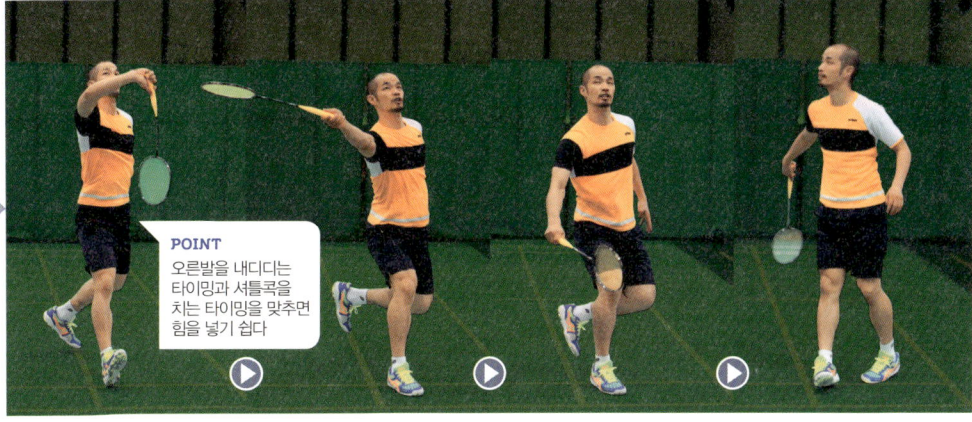

POINT
오른발을 내디디는 타이밍과 셔틀콕을 치는 타이밍을 맞추면 힘을 넣기 쉽다

백핸드 클리어를 습득한다

난이도	★★★★★
시간	5분

> **목표** 타점 감각을 익힌다

얻을 수 있는 효과
▶ 기술·감각
▶ 셔틀콕의 스피드
▶ 컨트롤
▶ 지구력
▶ 순발력

센터 그립
인 그립
아웃 그립

Menu 020 노크 연습

○ 연습 방법

우선은 셔틀콕의 거리감이나 궤도를 확인하기 쉬운 네트 근처에서 연습한다. 네트 너머에서 손으로 던져주는 셔틀콕을 네트에 등을 진 자세에서 친다.

? 왜 필요한가

우선은 네트 근처에서 치는 감각을 익힌다

백핸드 쪽으로 높이 올라온 셔틀콕은 치기 어려워서 초보자는 헛손질을 하고 만다. 먼저 네트 근처에서 셔틀콕을 맞히는 감각을 익히고 나서 네트와 멀리 떨어진 곳에서도 연습하자.

P 포인트

타점의 위치에 따라 셔틀콕이 날아가는 높이가 바뀐다

백핸드 클리어로 받아치는 경우에는 셔틀콕을 위로 날려 보내야 하기 때문에 네트에서 떨어진 위치(뒤로 돌아선 얼굴의 옆에서 앞)에서 셔틀콕을 친다. 이 위치에서 치면 셔틀콕은 위로 날아간다. 또 네트에서 멀리 떨어진 곳이 아니라 네트 근처에서 백핸드로 스매싱을 하는 경우에는 셔틀콕을 아래로 날려 보내기 위해 타점은 네트 근처(뒤로 돌아선 얼굴의 뒤쪽)에서 친다. 셔틀콕을 맞히는 방법을 마스터했다면 다음은 다양한 타점에서 치면서 셔틀콕이 어떻게 날아가는지 확인해보자.

Q 백핸드 클리어로 칠 때 셔틀콕이 날아가지 않는 이유는?

A 팔의 회외를 사용하기 때문에 몸과 가까운 곳을 지나가도록 라켓을 휘둘러 올린다

백핸드 클리어는 팔의 회외를 사용하여 셔틀콕을 날려 보내는 것이 중요하다. 그러기 위해서는 팔을 크게 휘두르는 것이 아니라 마지막에 앞팔의 회외를 날카롭게 사용하기 위해 움직이는 방법이 필요하다. 라켓을 휘둘러 올릴 때 몸 주위를 크게 원을 그리듯이 휘두르면 앞팔이 개방되어 비틀리기 때문에 가능한 한 라켓이 몸과 가까운 곳을 지나가도록 휘둘러 올려서 마지막에 팔의 회외를 날카롭게 사용할 수 있게 하자.

OK 몸과 가까운 곳에서 라켓을 휘두른다

셔틀콕을 치기 직전에 날카로운 회외에서 임팩트 시 힘을 주기 위해서 라켓은 몸과 가까운 곳을 지나가도록 끌어당겨서 임팩트한다.

NG 몸에서 떨어져서 라켓을 휘두른다

라켓을 몸에서 떨어뜨려 멀리 돌리듯이 라켓을 휘두르면 날카로운 회외를 사용하지 못해 셔틀콕이 날아가기 어렵다.

Level UP!

리버스 드롭에 도전해보자!

실전에서는 어떻게 상대의 의표를 찔러서 랠리를 우위로 이끄느냐가 중요하다. 상대의 예측을 벗어나는 궤도를 그리는 것이 리버스 드롭. 기본 샷을 마스터했다면 리버스 드롭에도 도전해보자.

리버스 드롭의 사용법은?

라켓을 휘두르면 셔틀콕이 날아가는 방향이 달라지는 리버스 드롭은 백핸드 뒤쪽에서 상대의 백핸드 앞쪽에 떨어뜨린다. 또는 포핸드 뒤쪽에서 크로스로 치듯 직선으로 떨어뜨리는 등의 사용법이 일반적이다.

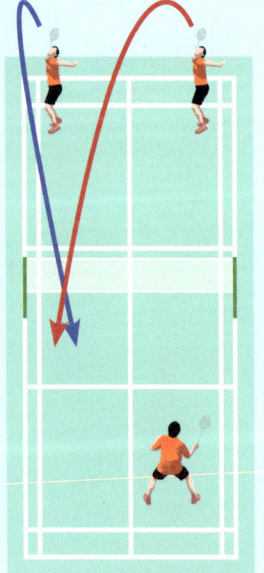

라켓 면과 셔틀콕이 닿는 위치는?

통상적인 드롭과는 셔틀콕을 받는 위치가 반대쪽이 되는 것이 리버스 드롭. 라켓 면과 셔틀콕의 위치 관계를 이해해두어야 한다.

리버스 드롭으로 치는 방법과 메커니즘

리버스 드롭으로 치는 방법을 알기 쉽게 단계별로 설명한다

STEP 1
팔을 움직이는 방법

리버스 드롭으로 치기 위한 예비 연습. 팔을 앞으로 뻗고 손목을 젖힌 상태에서 와이퍼처럼 움직인다. **손목만 움직이는 것이 아니라 어깨부터 움직여서 가동 범위를 넓힌다.**

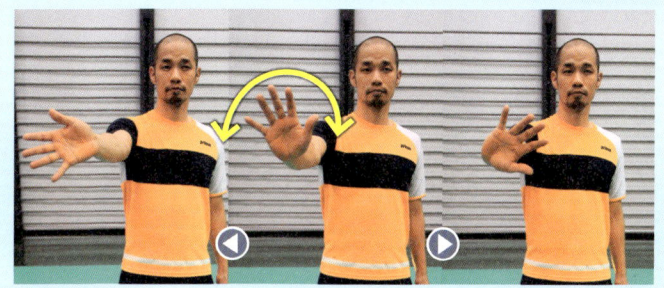

STEP 2
라켓을 잡는다

라켓을 잡고 STEP 1과 같은 동작을 한다. 그립은 센터 그립에서 라켓 면을 안쪽으로 기울인 인 그립.

STEP 3
머리 위에서 라켓을 휘두른다

라켓을 머리 위로 가져가서 STEP 1과 같은 동작을 한다. 이때 셔틀콕을 치는 위치는 위의 사진과 같은 위치가 된다. 이 위치에서 셔틀콕을 치기 위해서는 손목만으로 라켓을 움직이는 것이 아니라 어깨부터 움직일 필요가 있다는 것을 알 수 있을 것이다.

STEP 4
셔틀콕을 친다는 생각으로 휘두른다

셔틀콕은 라켓을 휘두르는 방향과 반대 방향으로 날려 보낸다.

타점

리버스 드롭을 습득한다

목표 연속 사진으로 배우는 리버스 드롭

센터 그립
인 그립
아웃 그립

라켓은 치는 자기가 보기에 오른쪽에서 왼쪽으로 휘두르지만 셔틀콕은 반대인 오른쪽으로 날아가는 감각을 익힌다. 매우 어려운 샷이므로 많은 연습이 필요하다.

앞모습

몸을 빨리 연다

옆모습

원 포인트 어드바이스

라켓의 궤도를 확인하자

라켓을 몸의 오른쪽 뒤에서 왼쪽 앞으로 대각선으로 휘두르면 상대의 의표를 찌르는 샷이 된다.

> 팔꿈치를 오른쪽에서 왼쪽으로 휘둘러 상대의 의표를 찌른다

샷 트레이닝

난이도	★★★★★
시간	3분

얻을 수 있는 효과
▶ 기술 · 감각
▶ 셔틀콕의 스피드
▶ 컨트롤
▶ 지구력
▶ 순발력

> **목표** 어깨 돌리기를 습득한다

Menu 021 어깨부터 팔을 움직인다

옆모습

🔵 연습 방법

사진과 같이 바닥과 평행해지도록 팔을 올리고 어깨부터 손목까지 비튼다.

❓ 왜 필요한가

어깨를 돌려서 샷을 할 수 있도록

샷을 할 때 손목만 사용하면 가동 범위에 한계가 있다. 샷의 범위를 넓히기 위해서도 어깨를 돌릴 수 있도록 트레이닝하자.

P 포인트

어깨부터 힘을 넣어서 움직인다

팔을 움직일 때 손목부터 움직이는 것이 아니라 손목 아래는 힘을 빼고 어깨 쪽부터 힘을 넣어서 움직인다.

가슴을 젖히고 오므리는 동작을 넣는다

어깨를 돌릴 때 가슴을 젖히고 오므리는 동작을 추가하면 어깨를 돌리는 가동 범위가 넓어진다.

앞모습

샷 트레이닝

난이도	★★★★★
시간	3분

목표
어깨와 팔꿈치의 사용법을 습득한다

얻을 수 있는 효과

▶ 기술·감각
▶ 셔틀콕의 스피드
▶ 컨트롤
▶ 지구력
▶ 순발력

Menu 022 어깨와 팔꿈치를 움직인다

팔꿈치를 받침점으로 한 동작

충분한 자세에서 클리어를 크게 받아치는 경우 등은 이 동작으로 셔틀콕에 힘을 전달한다

받침점

○ 연습 방법

사진과 같이 바닥과 평행해지도록 팔을 올리고 어깨부터 손목까지 비튼다.

? 왜 필요한가

몸을 사용하는 방법으로 셔틀콕을 컨트롤한다

실전에서는 셔틀콕을 크게 받아치거나 간결하게 휘둘러서 날카롭게 받아치는 등 셔틀콕을 날려 보내는 방법에 변화를 주는데 이때 몸을 사용하는 방법에 의해 스윙을 바꿔 셔틀콕을 자유자재로 컨트롤할 수 있다.

어깨 및 팔꿈치와 손목 사이의 두 지점을 받침점으로 한 동작

라운드 스윙과 같이 뒤쪽으로 몰린 상황에서 치는 경우에는 간결하게 휘두르지 않으면 제대로 리턴할 수 없으므로 이 방법을 마스터하길 권한다

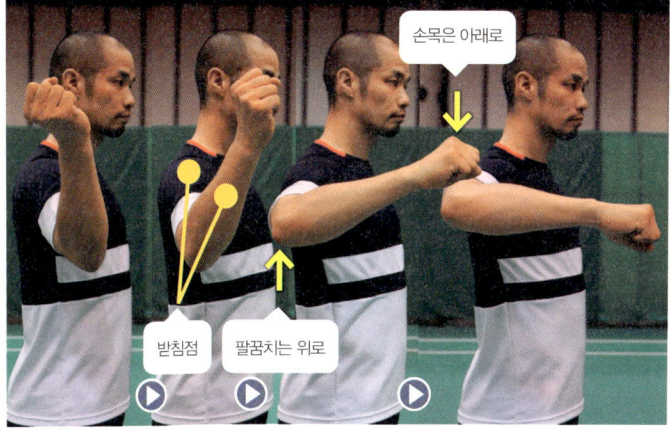

손목은 아래로

받침점   팔꿈치는 위로

P 포인트

받침점을 의식한다

강하고 크게 셔틀콕을 날려 보내는 경우는 어깨와 팔꿈치를 하나로 해서 팔꿈치를 받침점으로 움직인다. 또 간결하고 날카롭게 휘두르는 경우는 어깨 및 팔꿈치와 손목 사이의 두 지점을 받침점으로 해서 휘두른다.

◀ 드라이브 등 사이드 핸드의 샷에서도 작고 강하게 받아치는 경우는 이 동작을 사용한다.

Q 클리어나 스매싱을 할 때 팔꿈치가 올라가지 않는 이유는?

A 가슴을 펴면 팔꿈치가 나오기 쉬워진다

자세를 잡을 때 가슴을 펴면 팔꿈치가 높은 위치에서 나오기 쉬워진다. 팔꿈치가 높이 올라가면 셔틀콕도 강하고 멀리 날려 보낼 수 있다. 등을 구부리고 가슴을 펴지 않으면 팔꿈치가 올라가지 않은 채 앞으로 나와버린다. 가슴을 펴고 팔꿈치를 올리는 동작을 익히기 위해 우선은 라켓을 잡지 않고 휘둘러보자.

POINT 가슴을 편다

팔꿈치가 높이 올라간다

등을 구부려서 가슴이 펴지지 않는다

팔꿈치가 높이 올라가지 않는다

셔틀콕의 특성을 이해한다

셔틀콕이 날아가는 특성을 이해하고 올바른 폼이나 타점을 익히자

셔틀콕은 공이 아니므로 독특한 특성이 있다. 셔틀콕의 특성을 이해하면 올바른 폼이나 타점으로 칠 수 있기 때문에 좀 더 빨리 실력을 키울 수 있다. 예를 들면 클리어에서 높이 보내고 싶다고 초보자는 머리 뒤쪽에서 치는 경향이 있는데 깃털이 달려 있는 셔틀콕은 머리 위의 앞쪽에서 쳐도 충분히 높이 올라간다. 몸의 메커니즘상 몸 앞에서 셔틀콕을 치는 쪽이 효율적으로 힘을 전달하기 쉽기 때문에 클리어를 하는 경우에도 머리 뒤에서 치는 것보다 조금 앞에서 치는 것이 좋다. 초보자는 네트를 넘기려고 셔틀콕을 아래에서 위로 치려고 하는데 라켓을 앞으로 밀어내듯이 치면 셔틀콕은 비스듬하게 위로 날아간다. 반복 연습을 통해 셔틀콕이 날아가는 특성을 익히는 것도 중요하다.

앞으로 휘두르지만 셔틀콕은 위로 올라간다

Level UP!

스핀 네트의 리턴 방법

셔틀콕의 특성을 이해했다면 좀 더 어려운 스핀 네트의 리턴에 대해 알아보자. 스핀이 걸린 셔틀콕은 일반적인 방법으로 똑바로 라켓에 맞히면 튀어나가기 때문에 떨어지는 셔틀콕을 아래에서 밀어내며 위로 날린다. 셔틀콕의 측면을 치고 라켓 면으로 조금 깎는 듯한 동작도 추가한다. 반복 연습을 통해 조정해가는 것도 좋다.

워밍업은
기초 치기만으로도 충분한가?

여러분이 평소 워밍업을 할 때 치는 '기초 치기'라는 것은 대략 드라이브 → 드롭(커트) → 클리어 → 스매싱 → 헤어핀 → 푸시를 한 세트로 해서 마무리되는 흐름이 많지 싶다.

이러한 워밍업에 익숙한 일본인의 입장에서 보면 배드민턴이 활성화된 외국의 워밍업에 충격을 받는 경우가 있다.

모든 나라의 워밍업 방법을 알고 있는 것은 아니지만 내가 현역 시절에 해외 원정 등에서 본 것 중 이러한 흐름으로 셔틀콕을 치고 있는 것은 일본밖에 없다고 생각한다.

예를 들면 인도네시아, 말레이시아에서는 셔틀콕을 치기 시작할 때 가볍게 드라이브를 하고, 갑자기 하프 코트 단식이나 하프 코트의 복식 서비스 에어리어에서만 하는 단식경기를 하곤 한다. 전에도 내가 가르치는 주오 대학에 말레이시아 선수들이 와서 연습 시합을 했는데, 워밍업을 3대3 시합으로 시작했다.

'기초 치기'를 부정하는 것은 아니지만 실제 시합에서는 움직이면서 쳐야 하고, 또 기초 치기에는 나오지 않는 샷이 많은 것을 생각하면 '기초 치기를 잘한다=강한 선수'라고는 할 수 없다.

내 생각에는 '기초 치기+움직이면서 허공 치기 연습'을 워밍업으로 하는 것이 좀 더 실전에 도움이 되지 않을까 싶다. 처음엔 기초 치기를 한 후 조금이라도 좋으니까 하프 코트 게임을 해보는 건 어떨까?

Column 2

Part 3

노크

노크에는 몇 가지 종류가 있다. 하나의 샷을 완벽하게 마스터하는 기초 노크, 움직이는 순서를 정한 패턴 노크, 빠른 속도로 치게 하는 스피드 노크 등이다. 노커의 기술도 연습자에 따라서는 매우 중요해진다. 이번 장에서는 기초 노크를 중심으로 소개한다. 하나하나의 샷 포인트를 확인하면서 마스터하길 바란다.

움직이면서 기술적인 포인트를 확인한다

난이도	★★★★★
시간	30초×4세트

얻을 수 있는 효과
▶ 기술·감각
▶ 셔틀콕의 스피드
▶ 컨트롤
▶ 지구력
▶ 순발력

센터 그립 F·B
인 그립 F·B
아웃 그립 F·B

목표: 움직이면서 헤어핀을 한다

Menu 023 헤어핀 노크

POINT
포핸드든 백핸드든 치는 높이에 따라서 적합한 그립은 바뀌므로 다양하게 시도해보자.

○ 연습 방법

노커는 포핸드 사이드와 백핸드 사이드로 번갈아가며 셔틀콕을 던져주고, 선수는 헤어핀을 한다. 코트 중앙에서 출발하고 샷을 할 때 타점까지 확실하게 발을 옮긴다.

? 왜 필요한가

몸을 타점 아래로 넣고 친다

어떤 샷을 하든 몸을 타점 아래로 확실하게 넣고 치는 것이 중요하다. 셔틀콕과의 거리감을 늘 일정하게 해두지 않으면 타구가 안정되지 않는다.

P 포인트

라켓 면의 각도는 셔틀콕에 대해 90도 정도

셔틀콕과 라켓 면이 닿는 각도에도 주의하자. 라켓 면이 너무 열리면 셔틀콕이 미끄러져서 앞쪽으로 날아가지 않으므로 셔틀콕에 대해 90도 정도의 각도로 라켓을 내민다.

포핸드

✗ 이 점에 주의

라켓 면이 너무 위로 향하면 셔틀콕은 라켓 면 위에서 미끄러져버린다

셔틀콕이 앞쪽으로 날아가지 않는다

백핸드

P 포인트

손목은 젖히지 않는다

셔틀콕은 손목으로 컨트롤하는 것이 아니라 팔 전체로 컨트롤한다. 그러기 위해서도 몸을 셔틀콕 아래로 잘 넣는 것이 필요하다.

움직이면서 기술적인 포인트를 확인한다

난이도	★★★★☆
시간	30초×4세트

얻을 수 있는 효과
▶ 기술·감각
▶ 셔틀콕의 스피드
▶ 컨트롤
▶ 지구력
▶ 순발력

센터 그립
인 그립
아웃 그립

목표: 움직이면서 드롭을 한다

Menu 024 드롭 노크

🔵 연습 방법

노커는 포핸드 뒤쪽과 백핸드 뒤쪽으로 번갈아가며 셔틀콕을 올려주고, 선수는 드롭을 한다. 코트 중앙에서 출발하고 풋 워크를 사용하여 셔틀콕 아래로 들어가서 친다. 클리어나 스매싱 등도 같은 노크로 할 수 있다.

❓ 왜 필요한가

정확한 포인트에서 셔틀콕을 친다

오버헤드 샷을 할 때는 셔틀콕 아래로 들어가는 방법이 중요하다. 아무 생각 없이 움직여서 치는 것이 아니라 매번 정확한 포인트에서 셔틀콕을 치려고 의식한다. 특히 드롭은 힘으로 치는 것이 아니라 컨트롤 샷이므로 타점이 중요하다. 많은 연습이 필요하다.

포인트

일정한 타점에서 칠 수 있도록 셔틀콕 아래로 들어간다

라켓을 잡지 않은 **왼손으로 셔틀콕과의 거리감을 재면서** 셔틀콕 아래로 들어간다. 셔틀콕을 치는 위치가 너무 앞이거나 너무 뒤에 있으면 미스가 되는데, 매번 같은 스윙이 가능하면 미스를 방지할 수 있다.

포핸드 뒤쪽

왼손으로 셔틀콕과의 거리감을 잰다

백핸드 뒤쪽

✗ 이 점에 주의

타점이 바뀌면 라켓의 스윙이 달라져서 미스의 원인이 된다

셔틀콕 아래로 들어가지 않아서 셔틀콕을 치는 위치가 뒤가 되었고, 스윙도 작아졌다.

움직이면서 기술적인 포인트를 확인한다

난이도	★★★★★
시간	30초×4세트

얻을 수 있는 효과

- ▶ 기술·감각
- ▶ 셔틀콕의 스피드
- ▶ 컨트롤
- ▶ 지구력
- ▶ 순발력

센터 그립	F·B
인 그립	F
아웃 그립	B

움직이면서 드라이브를 한다

Menu 025 드라이브 노크

🔵 연습 방법

노커는 포핸드 사이드와 백핸드 사이드로 번갈아가며 셔틀콕을 던져주고, 선수는 드라이브를 한다. 중앙에서 중립적인 자세를 취하여 좌우 어느 쪽이든 반응할 수 있게 한다.

❓ 왜 필요한가

움직이면서 신속하게 준비한다

드라이브 랠리는 셔틀콕이 빠르게 오가기 때문에 준비를 빨리 하지 않으면 안 된다. 움직이면서 빨리 준비를 하는 것을 몸에 익히자. 노커는 레벨에 맞춰 속도를 조절한다.

P 포인트 — 발을 빨리 움직여서 최적의 타점으로 들어간다

빠른 공에 대해 올바른 폼으로 리턴하기 위해서는 빠른 준비가 필요하다. 신속하게 스탠스를 좌우로 벌려서 자세를 잡고, 치고 난 다음에도 바로 다음 공에 대한 준비를 한다. 발을 빨리 움직여서 최적의 타점으로 들어갈 수 있으면 폼을 무너뜨리지 않고 다음 준비로 원활하게 넘어갈 수 있다.

포핸드 / 백핸드

좌우로 벌리는 스탠스를 취한다

바로 다음 준비를 한다

✕ 이 점에 주의

올바른 타점으로 들어가지 않았다

올바른 타점으로 들어가지 않아서 자세가 무너졌고, 다음 준비도 늦어졌다.

스피드를 올려서 연습한다

난이도	★★★★☆
시간	30초×4세트

얻을 수 있는 효과
- ▶ 기술 · 감각
- ▶ 셔틀콕의 스피드
- ▶ 컨트롤
- ▶ 지구력
- ▶ 순발력

센터 그립
인 그립
아웃 그립

공격적인 위치에서 플레이한다

Menu 026 스매싱 & 네트 하프 코트

선수는 하프 코트를 앞뒤로 움직인다

스매싱

헤어핀

연습 방법

노커는 코트 뒤쪽과 네트 앞으로 번갈아가며 셔틀콕을 던지고, 선수는 코트 뒤쪽으로 올라간 셔틀콕은 스매싱, 네트 앞의 셔틀콕은 헤어핀으로 리턴한다. 선수는 앞뒤로 움직이며 샷을 한다.

왜 필요한가

칠 때까지 스피드를 올려서 움직인다

가능한 한 자신에게 유리한 자세로 칠 수 있게 하기 위해서는 칠 때까지 스피드를 올려서 움직이는 것이 필요하다. 또 스피드를 올린 상태에서도 기술적인 포인트를 의식해야 한다. 노커는 선수의 레벨에 맞춰 노크 스피드를 조정한다.

P 포인트

치고 난 후의 움직임에 스피드를 올린다

샷을 한 후의 움직임에 스피드를 올림으로써 다음 샷에 충분한 자세로 들어갈 수 있다. 스매싱을 한 후에 앞쪽으로 빠르게 움직이면 셔틀콕을 보다 높은 위치에서 칠 수 있기 때문에 자신에게는 유리해지고, 상대에게는 압박을 가할 수 있다. 또 헤어핀을 한 후에 뒤로 물러나는 스피드를 올리면 상대가 띄운 공에 대해 앞쪽으로 점프할 수 있기 때문에 공격적인 스매싱이 가능하다.

친 후의 움직임을 빠르게!

EXTRA — 다른 쪽 사이드에서도 연습한다

한쪽 사이드에서 연습했다면 반드시 다른 쪽 사이드에서도 연습한다. 포핸드 사이드에서는 포핸드 뒤쪽에서의 스매싱 & 포핸드 헤어핀의 연습이 되고, 백핸드 사이드에서는 라운드 스매싱 & 백핸드 헤어핀의 연습이 된다. 어느 쪽에서든 스피드를 올리는 것이 중요하다.

스피드를 올려서 연습한다

스피드 & 체력의 향상

난이도	★★★★★
시간	30초×4세트

얻을 수 있는 효과

▶ 기술・감각
▶ 셔틀콕의 스피드
▶ 컨트롤
▶ 지구력
▶ 순발력

센터 그립
인 그립
아웃 그립

Menu 027 스매싱 & 네트 올 코트

① 포핸드 뒤쪽에서 스매싱

② 포핸드 앞쪽에서 헤어핀

④ 백핸드 앞쪽에서 헤어핀

③ 백핸드 뒤쪽에서 스매싱

🔵 연습 방법

노커는 ①포핸드 뒤쪽, ②포핸드 앞쪽, ③백핸드 뒤쪽, ④백핸드 앞쪽의 순서로 셔틀콕을 보내고 선수는 ①스매싱, ②포핸드 헤어핀, ③라운드 스매싱, ④백핸드 헤어핀으로 돌아간다. 이 연습을 반복한다.

❓ 왜 필요한가

지쳤어도 포인트를 의식한다

스매싱 & 네트 하프 코트보다도 움직이는 범위가 더욱 넓어지고, 그만큼 체력이 필요하다. 실전에서는 스피드를 올린 상태에서도 미스하지 않고 플레이를 이어가는 것이 요구되므로 지쳤어도 각 샷의 포인트를 의식하면서 친다.

P 포인트

중심을 무너뜨리고 재빨리 대각선 뒤로

올 코트 연습에서는 코트를 대각선으로 움직이는 풋 워크가 추가된다. **뒤로 물러날 때는 중심을 이동하는 방향으로 무너뜨려 움직인다.** 또 뒤로 물러나는 풋 워크라 해도 뒤를 돌아보지 않고 움직여야 하기 때문에 반복 연습으로 코트의 넓이에 관한 감각을 키워두자.

POINT
이동하는 방향으로 중심을 무너뜨린다

스피드를 올려서 연습한다

난이도	★★★★☆
시간	30초×4세트

얻을 수 있는 효과
- ▶ 기술·감각
- ▶ 셔틀콕의 스피드
- ▶ 컨트롤
- ▶ 지구력
- ▶ 순발력

센터 그립	F·B
인 그립	F
아웃 그립	B

목표: 네트 앞에서 다음 준비를 빨리 한다

Menu 028 네트 앞에서 푸시

① 포핸드 사이드에서 푸시

② 센터에서 푸시

④ 센터에서 푸시

③ 백핸드 사이드에서 푸시

○ 연습 방법

노커는 ①포핸드 사이드, ②센터, ③백핸드 사이드, ④센터, ⑤포핸드 사이드, ⑥센터, ⑦백핸드 사이드……로 셔틀콕을 보내고 선수는 그것을 네트 앞에서 푸시 움직이면서 연속으로 칠 수 있게 되면 다음 노크의 코스를 자유롭게 해서 연습한다.

? 왜 필요한가

빠른 준비에 익숙해진다

푸시로 친 후에는 셔틀콕이 바로 되돌아온다고 생각하고 빠른 준비에 숙달되도록 한다.

푸시의 폼&기술적 포인트
→ 참고 페이지 p 50

P 포인트   빨리 되돌아오는 것이 빠른 다음 준비로 이어진다

스피드가 있는 셔틀콕에 반응하기 위해서는 푸시를 한 후 빨리 중립적인 자세로 되돌아와야 한다. 큰 동작은 필요하지 않으므로 **스윙은 간결하게 하고 바로 다음 타구에 대비한다.**

✗ 이 점에 주의

도약하며 치면 다음 준비가 늦어진다

어쩔 수 없는 경우에는 도약해서 칠 수밖에 없지만, 그런 경우에는 칠 수 있는 코스도 한정되어버린다. **가능한 한 발을 움직여서 여유가 있는 자세를 만들면** 타점이 내려가도 다양한 코스로 칠 수 있고, 다음 준비도 자연스럽다.

배드민턴의 기술은
진보하고 있다

　다양한 연령대의 일반 동호인들을 지도하는 한편, 현재 2020년 도쿄 올림픽에 대비한 국가대표 꿈나무들을 지도하고 있다. 이들을 가르치는 현장에서 국내 톱 레벨 선수들의 플레이나 해외 선수들의 플레이를 볼 수 있는 혜택을 누리는 것이 내게는 많은 공부가 되고 있다.
　왜냐하면 내가 현역 시절 국가대표로 플레이하던 15년쯤 전과는 배드민턴의 기술 자체가 변했을 뿐만 아니라 점점 진화하고 있다는 실감을 할 수 있기 때문이다.
　내가 국가대표로 플레이하던 무렵에는 다소 기술이 떨어져도 끈기나 체력, 파워로 밀어붙일 수 있는 부분도 있었다. 그 무렵과는 룰이 바뀌었고, 라켓의 성능이 향상되었다는 변화도 있지만 무엇보다도 국가대표 선수들의 기술적인 부분이 비약적으로 진보했다는 변화를 느낀다.
　초·중·고 주니어 시절부터 국제대회에 여러 번 참가하며 해외의 기량이 좋은 선수들의 플레이를 지켜보거나 실제로 그들과 경기를 치러보는 데서 얻는 효과가 큰 것은 말할 필요도 없다.
　'어떻게 치고 있지?'
　'어떻게 하면 저렇게 칠 수 있을까?'
　기량이 좋은 선수의 플레이를 보면 자연스럽게 흉내를 내보려는 생각도 생기게 된다. 그런 식으로 새로운 기술을 추구하는 것이 레벨 업에 도움이 된다. 요즘엔 컴퓨터나 스마트폰으로도 쉽게 톱 레벨 선수의 동영상 등을 볼 수 있는 시대다. 여러분도 기량이 좋은 선수의 플레이를 적극적으로 찾아보면서 기술 향상에 도움을 받길 바란다.

Part 4

단식 경기

단식경기는 정확한 컨트롤 능력과 코트를 누비는 스피드, 그리고 스태미나가 모든 것을 말해준다. 배드민턴의 기본이 게임에 모두 들어가 있다고 해도 과언이 아니다. 그리고 어떻게 상대를 움직이게 하는가, 상대의 의표를 찌르는가, 정확한 샷을 할 수 있는가가 포인트가 된다. 단식경기의 실력이 늘면 복식경기의 실력도 향상되는데, 코트를 혼자서 수비해야 하기 때문에 운동량도 많아진다.

단식경기를 한다

샷을 한차례 마스터했다면 시합할 기회도 많아진다. 배드민턴 시합에는 단식과 복식이 있고, 사용하는 코트의 넓이뿐만 아니라 각각의 특징이 다르다. 필요한 능력, 전술을 배워서 실력을 향상시키자.

 단식경기의 특징

➡ **빠른 랠리보다도 풋 워크를 활용**

1대1로 겨루는 단식경기에서는 필연적으로 수비 범위가 넓기 때문에 **발을 쓰는 것이 중요**해진다. 코트를 넓게 쓰기 때문에 빠른 랠리보다도 풋 워크를 활용한다고 생각한다. **상대를 많이 움직이게 한다**고 생각하면서 동시에 자신도 많이 움직여야 한다.

 중요한 샷은?

주로 사용하는 샷은 클리어, 드롭, 스매싱, 헤어핀. 특히 클리어와 드롭, 헤어핀은 코스를 찌를 수 있는 능력을 키워야 한다. 또 상대의 풋 워크 타이밍을 빼앗는 샷을 할 수 있으면 더욱 좋다.

📢 단식경기의 전술

➡ 코트의 네 코너를 공격해 상대를 움직이게 한다

서로 실력을 모르는 상황에서 단식 경기를 하는 경우에는 우선 코트의 네 코너로 확실하게 셔틀콕을 보내는 것이 중요하다. 1구째부터 미스를 해버리면 상대의 특성도 파악하지 못하므로 우선은 가능한 한 랠리를 계속하는 것도 중요하다. 그런 식으로 서로 샷을 주고받으면서 상대의 약한 부분을 찾아내도록 한다.

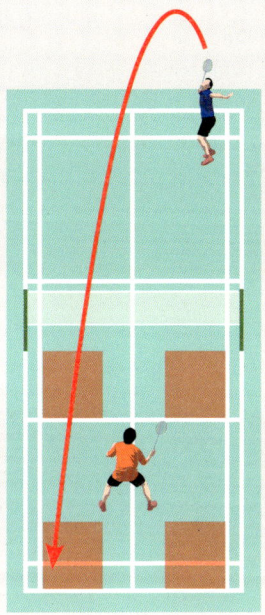

➡ 상대의 약점을 공격한다

상대의 약한 부분을 찾아냈다면 그곳을 공격하도록 하자. 약점이란 샷에만 있는 것이 아니다. 단식경기의 경우는 움직임이 중요하므로 상대의 취약한 움직임을 찾아내는 것도 효과적. 예를 들면 기본적인 네 코너를 공격하는 전술로서 대각선으로 친다. 대각선으로 움직이게 하여 상대를 지치게 하는 것도 좋다. 상대가 움직임이 빠른 플레이어라면 대각선으로 치는 척하며 다시 한 번 같은 에어리어로 친다는 전술도 효과적이다. 실은 대각선으로 뛰게 하는 것보다 상대를 한 번 센터로 돌아오게 하여 멈추는 순간 다시 한 번 같은 곳으로 움직이게 하는 쪽이 상대의 체력을 소모시키는 데 더 효과적이다. 한 번 발을 멈춘 곳에서 다시 원래 장소로 돌아가는 움직임은 체력이 더 소모되기 때문이다. 이처럼 상대를 움직이게 한다, 멈추게 한다는 공배분이 단식경기의 주요 전술이다.

➡ 한 경기로 상대의 약점을 파악한다

가능한 한 빠른 단계에서 상대의 약점을 파악하는 것이 좋지만, 적어도 한 경기 정도로 파악할 수 있으면 된다. 실력이 비슷한 경우 등은 첫 경기의 전반부는 상대의 폼을 보면서 랠리를 하고, 마지막엔 스피드를 올리거나 상대의 약점을 공격해서 점수를 따는 시합 운영이 이상적이다. 그러기 위해서도 연습 시합 등을 거듭하여 시합에 숙달되도록 한다.

➡ 후반을 위해 실력을 남겨둔다

점수가 필요할 때의 비책으로서 지금까지 구사하지 않았던 샷을 후반에 구사하는 것도 효과적이다. 치는 코스나 페인트 등도 포함해서 처음부터 자신의 실력을 전부 내보이지 않고 후반의 유리한 전개를 위해 남겨두는 것도 효과적인 경기 운영 가운데 하나다.

단식경기의 서비스

모든 시합은 서비스와 서비스 리시브로 시작된다. 이 책에서는 지금까지 서비스와 서비스 리시브에 대해서는 자세하게 다루지 않았지만, 시합을 하기 전에 두 샷에 대해, 또 서버와 리시버가 신경 써야 할 것에 대해 알아본다.

백핸드 서비스의 자세
쇼트 서비스를 할 때는 백핸드로 치는 것이 주류

📢 서비스

➡ 백핸드의 쇼트 서비스가 주류

전에는 롱 서비스 라인까지 높고 크게 셔틀콕을 보내는 롱 서비스가 주류였지만, 현재는 쇼트 서비스가 주류다. 랠리 포인트제가 시행된 이후의 흐름이지만, 여러분에게도 우선은 백핸드의 쇼트 서비스를 마스터하기를 권한다. 스매싱이 강력한 남자의 시합에서는 상대에게 스매싱을 하지 못하게 한다는 이유에서도 대부분의 선수가 쇼트 서비스를 선호하고 있다.

➡ 여자 단식경기에서는 롱 서비스도

다만 여자 단식경기에서는 롱 서비스를 하는 선수도 많다. 롱 서비스는 포핸드 쪽이 멀리까지 보낼 수 있어서 포핸드로 치는 선수가 많다. 포핸드의 롱 서비스는 노크를 보낼 때도 사용하는 샷이므로 잘 칠 수 있도록 연습해두면 도움이 될 것이다.

➡ 쇼트 서비스는 백핸드로

쇼트 서비스는 궤도를 안정적으로 만들기 쉬운 백핸드로 치는 것을 권한다. 셔틀콕을 네트에서 뜨지 않게 치는 것을 처음에는 어렵게 느낄 테지만, 팀 연습 전의 빈 시간 등을 이용하여 반복 연습할 것을 권한다.

포핸드 서비스의 자세
롱 서비스를 할 때는 포핸드로 치는 것이 치기 쉽다

📢 서비스 리시브

➡ 네트 앞에 떨어뜨릴지 로빙을 올릴지는 상대나 상황에 따라 선택

단식경기에서 서비스 리시브는 상대의 쇼트 서비스와 롱 서비스 모두에 대응할 수 있도록 서비스 에어리어의 중앙 부근에서 준비한다. 스매싱이 강한 상대에 대해서는 쉽게 로빙을 올리지 않도록 하고, 상대의 스매싱이 그렇게 강력하지 않으면 로빙으로 띄워서 뒤로 몰아넣고 치게 하는 것도 좋다. 기본적인 리턴으로는 네트 앞에 떨어뜨리거나 로빙을 올리는 것 중 선택한다.

➡ 서비스 리시브의 코스는 네 코너

단식경기의 서비스 리시브는 네 코너로 치는 것이 기본이다. 여기서부터 랠리를 어떻게 할지 구성한다.

기본은 서비스 에어리어의 중앙에서 준비한다

EXTRA 타이밍을 바꿔서 칠 수 있도록

명심해야 할 것은 일정한 흐름으로 셔틀콕을 치지 말아야 한다는 것이다. 서비스 자세에서 칠 때까지 일련의 같은 흐름으로 서비스를 하는 사람이 많은데 그렇게 하면 리듬이 읽히기 쉽고, 특히 복식경기에서는 푸시 공격을 당하기 쉽다. 일단 자세를 잡았다면 움직임을 멈추고 매번 다른 타이밍에서 서비스를 하도록 한다.

POINT 한 번 움직임을 멈춘다

POINT 라켓 면의 각도를 고정하고 셔틀콕을 밀어낸다

랠리 능력을 단련한다

난이도	★★★★☆
시간	3분

얻을 수 있는 효과
▶ 기술·감각
▶ 셔틀콕의 스피드
▶ 컨트롤
▶ 지구력
▶ 순발력

센터 그립
인 그립
아웃 그립

목표: 코트 뒤쪽에서 공격한다

Menu 029 2대1 클리어/드롭

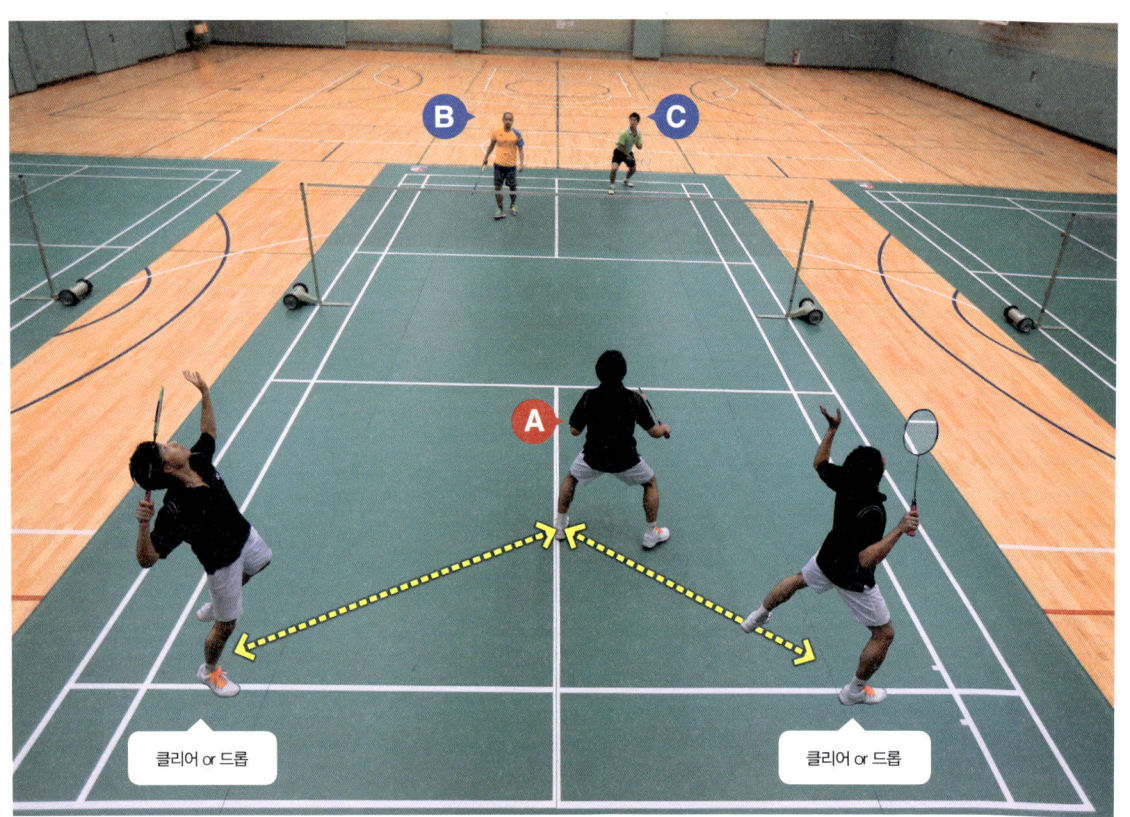

클리어 or 드롭

클리어 or 드롭

○ 연습 방법

상대 **B**, **C**는 모두 코트 뒤쪽으로 리턴하고 연습자 **A**는 클리어 또는 드롭으로 대응한다.

? 왜 필요한가

코트 뒤쪽에서 하는 샷을 단련한다

단식경기에서는 특히 클리어나 드롭과 같은 코트 뒤쪽에서 하는 샷을 쓰는 비중이 크다. 따라서 클리어나 드롭의 랠리 능력을 단련하기를 권한다.

P 포인트

가능한 한 공격적으로 샷을 해서 전개를 유리하게 이끈다

클리어나 드롭으로 공격하기 위해서는 셔틀콕 아래로 재빨리 들어가서 공격적인 샷을 할 수 있게 해야 한다. 클리어는 조금 낮은 궤도로 치면 공격적인 샷이 된다. 또 2대1에서 1이 유리하게 랠리를 전개하기 위해서는 **클리어를 하는지 드롭을 하는지 상대가 모르도록 의표를 찌르는 것도 효과적**이다.

POINT
셔틀콕 아래로 재빨리 들어가면 충분한 준비를 할 수 있다

EXTRA 셔틀콕 아래로 들어가지 않으면……

셔틀콕 아래로 들어가지 않고 리턴하면 자세가 충분히 잡히지 않기 때문에 공격적인 샷을 할 수 없는 데다 **리턴 코스가 한정되므로 상대에게 코스를 읽히기 쉽다**. 발을 빨리 움직여서 셔틀콕 아래로 들어가자.

랠리 능력을 단련한다

난이도	★★★★★
시간	3분×좌우 각 1세트

얻을 수 있는 효과
▶ 기술·감각
▶ 셔틀콕의 스피드
▶ 컨트롤
▶ 지구력
▶ 순발력

센터 그립
인 그립
아웃 그립

목표: 끈기 있게 공격 기회를 기다린다

Menu 030 올 쇼트

상대 B가 움직이는 에어리어

연습자 A가 움직이는 에어리어

전개 예

상대의 로브를 드롭으로 리턴

⭕ 연습 방법

1대1로 연습. 연습자 **A**가 모두 네트 앞으로 보내는 올 쇼트. 리턴 범위로는 하프 코트 중 쇼트 서비스 라인과 백 라인 사이보다 앞에 설정한다. 기회가 오면 스매싱으로 마무리한다. 상대 **B**는 올 코트로 리턴하여 상대가 움직이게 한다.

❓ 왜 필요한가

뒤쪽으로 몰려도 네트 앞으로 컨트롤

단식경기에서는 뒤쪽으로 몰리거나 페인트 공격을 당하는 경우가 많다. 그런 경우에도 침착하게 셔틀콕을 네트 앞으로 보낼 수 있는 기술을 익혀야 한다. 감각 요소가 크므로 많은 연습을 통해 랠리를 가능하게 하자.

포인트

공간을 의식한 샷을 사용하여 돌아오는 시간을 만든다

뒤쪽에 몰린 상태에서 빠른 드라이브로 리턴하면 상대에게 코스가 읽힌 경우 바로 되받아쳐서 자신도 빨리 돌아오느라 체력을 소모하게 된다. 자신의 코트에서 조금 둥글게 궤적을 그리며 네트를 아슬아슬하게 넘어가는 샷으로 치면 쉽게 푸시를 당하지 않고, 자신이 코트 중앙으로 돌아오는 시간도 만들 수 있다. 그러나 뒤쪽에 몰린 상태에서 이 궤도로 치는 것은 어려우므로 평소의 연습이 중요하다. 또 긴 랠리로 지치게 되면 힘이 점점 들어가지 않게 된다. 그런 경우에도 컨트롤할 수 있도록 연습을 거듭하자.

상대의 헤어핀을 하프 커트로 리턴

상대의 크로스 로브를 드라이브로 리턴

EXTRA

다른 쪽 사이드에서도 연습한다

상대가 사이드를 바꿔서 마찬가지로 올 쇼트로 연습한다. 노리는 코스 등도 바뀌므로 반드시 양 사이드에서 연습한다.

109

랠리 능력을 단련한다

난이도	★★★★★
시간	3분×좌우 각 1세트

얻을 수 있는 효과
- ▶ 기술·감각
- ▶ 셔틀콕의 스피드
- ▶ 컨트롤
- ▶ 지구력
- ▶ 순발력

센터 그립
인 그립
아웃 그립

목표: 끈기 있게 이어간다

Menu 031 올 롱

상대 B가 움직이는 에어리어

연습자 A가 움직이는 에어리어

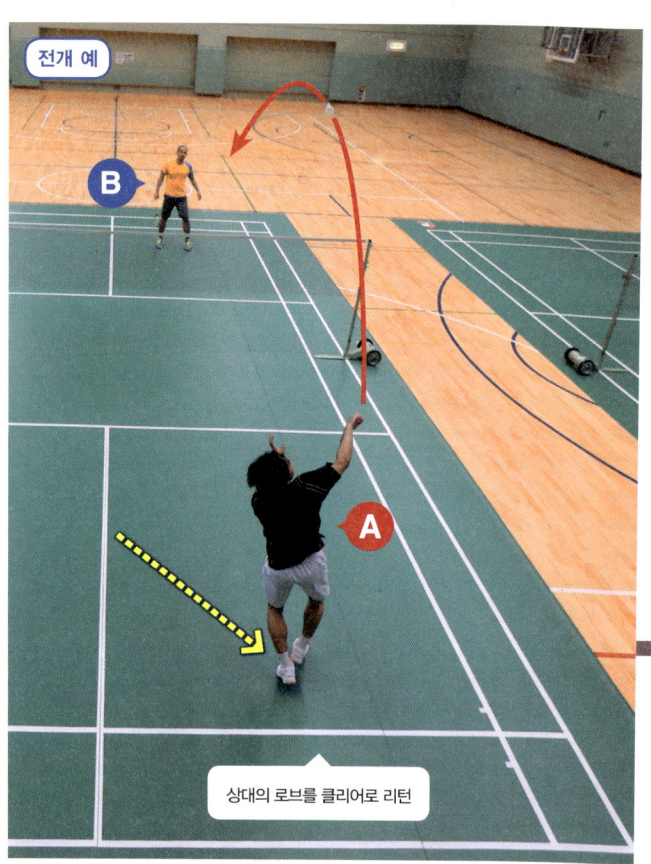

전개 예

상대의 로브를 클리어로 리턴

🔵 연습 방법

1대1로 연습. 연습자 Ⓐ가 모두 코트 뒤쪽으로 보내는 올 롱. 리턴 범위로는 하프 코트 중 쇼트 서비스 라인과 백 바운더리 라인의 사이로 설정한다. 상대 Ⓑ는 올 코트로 리턴하여 상대를 움직이게 하고, 기회를 봐서 스매싱도 한다. 연습자 Ⓐ의 스매싱 리시브는 쇼트 서비스 라인 부근으로의 리턴도 OK.

❓ 왜 필요한가

끈기 있게 랠리를 이어간다

단식경기에서는 어쨌든 랠리를 이어가는 능력이 필요하다. 상대의 스매싱에 대해서는 드라이브 리턴도 OK. Menu 030의 올 쇼트보다도 기술적으로는 신경 쓸 부분이 적지만, 끈기 있게 랠리를 이어가도록.

P 포인트

타이밍을 빼앗는 샷에 당황하지 않고 수비한다

수비 범위가 넓은 데다 상대에게 클리어든 스매싱이든 공격을 받는 조건이라 타이밍을 빼앗기면 괴로워진다. 상대는 타이밍을 빼앗으려고 네트 앞을 포함하여 다양한 샷을 하기 때문에 상대의 폼이나 타점을 읽고 자연스럽게 움직이도록 한다. 상대가 하는 것에 맞춰 스탠스를 좌우로 벌리고 스텝을 밟으면 리시브 반응이 빨라진다.

스탠스를 좌우로 벌린다

상대의 스매싱을 리시브로 리턴

상대의 크로스 로브를 크로스 클리어로 리턴

EXTRA

다른 쪽 사이드에서도 연습한다

일정한 시간 동안 연습한 후 상대 쪽 사이드를 바꿔서 반대 사이드에서도 마찬가지로 연습한다.

랠리 능력을 단련한다

난이도	★★★★★
시간	3분×2세트

얻을 수 있는 효과

▶ 기술 · 감각
▶ 셔틀콕의 스피드
▶ 컨트롤
▶ 지구력
▶ 순발력

센터 그립
인 그립
아웃 그립

목표: 수비력의 향상

Menu 032 2대1 공격과 수비

상대 B, C가 움직이는 에어리어

연습자 A가 움직이는 에어리어

전개 예

B C

A

상대의 스매싱을 리시브로 리턴

○ 연습 방법

2대1로 연습. 공격 쪽인 **B**, **C**는 드롭이나 스매싱, 드리븐 클리어 등으로 공격한다. 수비 쪽인 연습자 **A**는 리시브나 헤어핀, 때때로 클리어 등으로 연결한다. **A**의 수비 범위는 올 코트. 단, 레벨에 따라서 하프 코트에서 1대1로 해도 된다.

? 왜 필요한가

2인의 공격을 버텨낸다

단식경기에서는 공격뿐만 아니라 수비도 중요하다. Menu 031의 올 롱보다도 상대가 2인인 만큼 상대의 공격력이 더욱 커지므로 2대1 연습을 충분히 이겨낼 수 있게 되면 실전에서도 자신감을 갖고 플레이할 수 있다.

상대의 드리븐 클리어를 클리어로 리턴

상대의 크로스 드롭을 헤어핀으로 리턴

포인트

직선 공격을 경계하며 서는 위치를 궁리한다

지금까지의 패턴 연습 중에서 가장 스피드가 요구되는 연습이다. 단, 아무렇게나 움직여도 된다는 것이 아니라 자신의 공 배분에 따라 효율적으로 움직이는 것도 가능하다. 요점은 상대의 직선 스매싱을 경계하는 것이다. 그러한 직선 공격에 대해서는 공격자 쪽으로 조금 옮겨서 자세를 잡고 있으면 리시브하기 쉽다.

POINT
포핸드 사이드의 상대 플레이어가 칠 때 직선 공격에 대비하여 백핸드 사이드로 옮긴다

POINT
백핸드 사이드의 상대 플레이어가 칠 때 직선 공격에 대비하여 포핸드 사이드로 옮긴다

중요한 시합에서 긴장을 푸는 방법

시합에 들어가면 누구나 긴장하기 마련이다. 다만, 경험을 쌓으면서 적당한 긴장으로 바꿔가는 자신만의 방법을 찾는 수밖에 없다.

현역 시절의 나는 시합 전에 쉽게 긴장하는 타입이었지만, 그것을 역이용하여 긴장을 푸는 방법을 찾아냈다. 시합 대진표는 1개월쯤 전에 발표되는데, 그러면 첫 상대를 미리 알 수 있다.

'이 사람과 시합하는구나.'

'어떤 시합이 될까?'

대진표를 보면서 시합을 상상함으로써 스스로를 긴장시키고, 그것이 한동안 지속되면 그 긴장에도 익숙해지기 때문에 익숙해졌을 무렵 시합을 할 수 있게 조절했던 것이다.

이처럼 나의 긴장의 파도를 자각한 뒤로는 가능한 한 이른 단계에서 시합을 상상하며 스스로 먼저 긴장 상태를 만들겠다고 마음먹었다.

물론 그 상상 속 모습은 내가 이겨서 세레모니를 하고 있는 것이다. 이 모습을 선명하게 상상할 수 있을 때는 시합에 이길 수 있었다. 반대로 마지막에 이긴다는 상상이 제대로 떠오르지 않을 때는 아니나 다를까 이길 수 없었다.

사람은 저마다의 방법이 있다고 생각하지만 자신이 시합 때 너무 긴장하지 않는 방법을 찾는 것은 중요하다.

Part 5

복식 경기

두 사람이 코트 위에서 수비하기 위해 움직이는 범위는 좁아지지만, 그만큼 랠리는 빨라진다. 움직이는 스피드는 물론 연속해서 공격하는 능력이나 반사 신경, 상대가 셔틀콕을 보내는 코스를 읽는 능력이 포인트가 된다. 빠른 전개를 좋아하는 플레이어에게 적합한 경기 방식이라 할 수 있다. 파트너와 대화를 하면서 레벨 업을 목표로 하자.

복식경기를 한다

한 코트에서 네 명이 플레이를 할 수 있기 때문에 일반 동호인은 단식경기보다 복식경기를 하는 기회가 많다. 복식경기를 주로 하는 동호인도 있을 것이다. 복식경기에 필요한 능력, 전술을 알면 좀 더 공격적으로 플레이할 수 있다.

📢 복식경기의 특징

➡ 빠른 랠리에 대응할 수 있는 반응력이 요구된다

2대2로 경기하는 복식경기는 필연적으로 움직이는 범위는 좁아지지만 랠리가 빠르기 때문에 어떻게 반응해서 연속 공격으로 이어갈 수 있느냐가 포인트가 된다.

중요한 샷은?

주로 사용하는 샷은 드라이브, 스매싱, 푸시, 스매싱 리시브 또 레벨이 올라가면 쇼트 드라이브나 하프 드라이브도 많이 사용하고, 여자 복식경기에서는 클리어도 중요하다.

복식경기의 전술

▶ 연속 공격으로 상대의 약점을 파고든다

코트의 네 코너로 쳐도 상대가 쉽게 리턴할 수 있고, 오히려 상대에게 기회를 주기도 한다. 한 번에 쳐서 끝내는 샷보다도 샷을 빠르게 연속적으로 쳐서 상대의 약점을 공격하는 것이 복식경기의 공격 요령이다.

▶ 공격 목표는 두 사람 사이의 공간이나 몸통 등

상대의 약한 곳을 공격하는 것이 기본이다. 단식경기보다 공격할 곳이 적은 복식경기에서는 우선 두 사람 사이의 공간을 노린다. 어느 플레이어가 리시브할지 애매한 에어리어를 노려 치는 것이 기본이다. 또 몸통도 효과적이다. 몸과 가까운 곳은 신속하게 반응하기 어렵고, 특히 몸과 가까운 포핸드 사이드는 몸을 피하고 쳐야 하기 때문에 중요한 공격 목표. 연속 공격을 하면서 상대의 약한 곳을 찾는다.

POINT 상대의 약한 곳을 노린다

POINT 누가 칠지 애매한 두 사람 사이의 공간을 노린다

POINT 신속하게 반응하기 어려운 몸통을 노린다

▶ 샷 구성으로 구멍을 만든다

단식경기처럼 큰 에어리어에서 허를 찌를 수는 없어도 상대의 의식을 이용해 의표를 찌를 수는 있다. 예를 들면 스매싱이나 푸시로 공격할 때 발끝으로 몇 번 공격해서 허리 아래로 의식을 모아두고 갑자기 어깨 쪽을 공격한다. 상대는 기습을 당하면 반응이 늦어지고 완만하게 리턴할 확률이 높다. 어쨌든 한 번에 결정하려고 하는 것이 아니라 연속 공격으로 상대를 공격하는 것이 중요하다.

복식경기의 포메이션

복식경기는 랠리의 전개에 따라 포메이션을 바꿔가며 대응한다. 기본 포메이션을 배우고 임기응변으로 플레이한다.

공격적인 포메이션

➡ 전위 & 후위

유리한 전개로 공격하고 있는 상황에서의 포메이션은 '전위 & 후위'. **전위와 후위 앞뒤로 포지션을** 잡고 스매싱이나 푸시 등으로 공격한다. 전위의 동작에 맞춰 후위가 움직이기 때문에 **전위는 포지셔닝으로 의사표시**를 하는 것이 중요하다. 예를 들면 오른쪽 사진의 경우에서는 전위가 직선으로 서 있기 때문에 대각선 뒤쪽으로 오는 샷은 후위가 커버한다.

수비적인 포메이션

➡ 사이드 by 사이드

상대로부터 공격을 받는 수비 상황에서의 포메이션은 '사이드 by 사이드'. 상대의 스매싱이나 푸시 등을 스매싱 리시브나 언더 클리어로 리턴할 때와 같은 경우는 파트너와 **옆으로 나란히 서서 수비**한다. 코트 위의 두 사람의 위치는 기본적으로 스매싱을 하는 상대를 정점으로 하여 **이등변 삼각형**을 만들도록 포지셔닝한다.

📢 로테이션

➡ 상황에 따라서 로테이션한다

1점을 따는 동안에도 랠리의 전개나 상대의 샷에 따라 공격과 수비가 수시로 바뀐다. 그러므로 상황에 따라 '전위&후위' '사이드 by 사이드'로 포메이션을 바꾸면서 플레이하는 것이 필요하다. 서로 포지션을 변화시키는 것을 로테이션이라고 한다. 그중에서도 가능한 한 '전위&후위'의 포메이션으로 가져갈 수 있도록 랠리를 구성하는 것이 중요하다. 오른손잡이 선수끼리 한 팀인 경우에는 포핸드로 공격하기 쉽게 기본적으로 반시계 방향으로 돌면 공격하기 쉬운데, 상급자는 어디에서든 공격할 수 있어야 한다.

🔄 반시계 방향

🔄 시계 방향

복식경기의 서비스

서비스도 복식경기는 단식경기와 다른 포인트가 많다. 복식경기의 플레이 특징을 고려하여 효과적인 서비스, 서비스 리시브를 하도록 한다.

📢 서비스

➡ 뜨지 않게 친다

비교적 전개가 빠른 복식경기에서는 단식경기보다 서비스 성패의 비중이 크다. 상대에게 공격받지 않도록 하기 위해 기본은 쇼트 서비스를 한다. 가능한 한 셔틀콕이 뜨지 않도록 서비스하는 것이 중요하다. 상대가 명백하게 쇼트 서비스에만 대비하고 있는 것으로 보일 때는 의표를 찔러 드리븐 서비스(궤도가 낮고 빠른 롱 서비스)를 사용하면 효과적인 경우도 있다.

➡ 센터가 기본

기본적으로 센터를 노려서 서비스를 한다. 사이드는 직선으로 푸시를 당했을 경우 파트너의 리턴이 어려워지므로 그 위험을 감수할 필요가 있지만 타이밍을 잘 빼앗으면 상대가 푸시를 하기 어려운 코스이기도 하다. 센터를 기본 코스로 하고, 조금 타이밍을 빼앗거나 코스에 변화를 주는 등 상대에게 익숙지 않은 서비스를 연습하자.

📢 파트너의 역할

➡ 후방과 양 사이드를 커버

서버의 조금 뒤에서 코트 후방과 양 사이드를 지킨다. 세 번째 샷의 차례에서 공격적인 전위 & 후위를 만들기 쉽지만 로빙으로 올려버리면 사이드 by 사이드가 되어 공격당하기 쉬워진다.

복식경기에서는 중요한 포인트이므로 상대가 하프나 푸시로 넘겨도 쉽게 로빙으로 띄우지 않도록 연습한다.

📢 리시브

➡ 푸시로 치거나 네트 앞에 떨어뜨린다

서비스가 수비적인 샷이라고 해서 서비스 리브로 무리하게 공격할 필요는 없다. 공을 빨리 보내면 상대로부터도 빠르게 되돌아올 확률이 높으므로 반드시 빠르게 치는 것이 옳다고는 할 수 없다. 푸시로 치고 싶어 하는 경우가 많은데, 네트 앞에 떨어뜨리는 쪽이 더 효과적인 경우도 있다. 상대나 상황에 따라 푸시로 치거나 네트 앞에 떨어뜨리도록 하자. 남자의 복식 경기에서는 로빙으로 올리면 상대에게 쉽게 공격할 기회를 주게 된다. 받기 어려운 서비스가 오면 로빙으로 올리지만 그 외에는 올리지 않도록 플레이한다.

푸시로 친다

POINT
상대의 자세에서 리턴을 예측하여 신속하게 준비한다

네트 앞에 떨어뜨린다

POINT
상대도 네트 앞에 떨어뜨리지 않도록 압박을 가한다

📢 리시버의 파트너

➡ 세 번째 공을 처리하기 쉬운 포지션을 잡는다

파트너의 반대 사이드를 지키며 상대가 친 세 번째 공을 처리하기 쉬운 포지션에 선다. 사이드 by 사이드, 전위 & 후위 어느 쪽이든 대응할 수 있도록 준비한다. 어느 플레이어든 연습 게임 등을 통해 파트너와 좀 더 원활하게 로테이션할 수 있는 연습을 하는 것이 복식경기의 레벨 업에는 필수 요소다.

랠리 능력을 단련한다

목표 리시브에서 공격으로 전환하는 대형을 만든다

Menu 033 3대2 공격과 수비

난이도	★★★★☆
시간	5분×2세트
얻을 수 있는 효과	
▶ 기술·감각	
▶ 셔틀콕의 스피드	
▶ 컨트롤	
▶ 지구력	
▶ 순발력	
센터 그립	
인 그립	
아웃 그립	

공격자 세 명은 로테이션을 하지 않고 포지션을 고정

전위는 랠리를 이어간다는 것을 의식한다

연습자 A, B

전개 예

상대의 스매싱을 리시브로 리턴

○ 연습 방법

3대2로 랠리를 한다. 공격자 세 명은 로테이션을 하지 않고 포지션을 고정한 채 전력으로 공격한다. 또 전위에 들어간 선수는 완만한 공은 결정을 지어버리지만, 가능한 몸통 등을 노리거나 앞에 떨어뜨리는 등 랠리를 이어가는 것을 의식한다. 사이드를 교대하여 같은 방법으로 연습한다.

? 왜 필요한가

빠른 전개에 익숙해진다

복식경기에서는 게임 전개가 빨라지므로 그 스피드에 익숙해지는 것이 중요하다. 세 명의 공격에 대해 일방적으로 수비만 할 것이 아니라 스피드 업하여 공격적으로 플레이할 수 있으면 실전에 도움이 된다.

P 포인트

리시브를 하고 나서 어떻게 공격 대형으로 바꾸는가

리시브를 할 때도 너무 뒤로 물러나서 리턴하는 것이 아니라 어떻게 공격 대형으로 바꿀 수 있는지를 생각한다. 전위에서 잡힐 수 있는 코스로 리턴하면 공격 대형으로 바꾸기 어렵기 때문에 **가능한 한 앞에서 처리하여 드라이브 등으로 전위가 없는 곳에 떨어뜨리는 것이 중요**하다. 또 때로는 전위에 일부러 맞혀서 카운터를 노리는 등 자유롭게 조절할 수 있다.

상대의 푸시를 리시브로 리턴

상대의 스매싱을 리시브로 리턴

OK

셔틀콕을 빨리 치면 공격으로 전환하기 쉽다

NG

뒤로 물러나서 수비하면 공격으로 전환하기 어렵다

랠리 능력을 단련한다

난이도	★★★★★
시간	3분×2세트

얻을 수 있는 효과
▶ 기술·감각
▶ 셔틀콕의 스피드
▶ 컨트롤
▶ 지구력
▶ 순발력

센터 그립
인 그립
아웃 그립

목표: 로테이션하면서 랠리를 전개한다

Menu 034 2대2 올 쇼트

상대 C, D는 로테이션을 하지 않고 네트 앞에 고정

연습자 A, B는 로테이션을 하면서 네트 앞으로 리턴한다

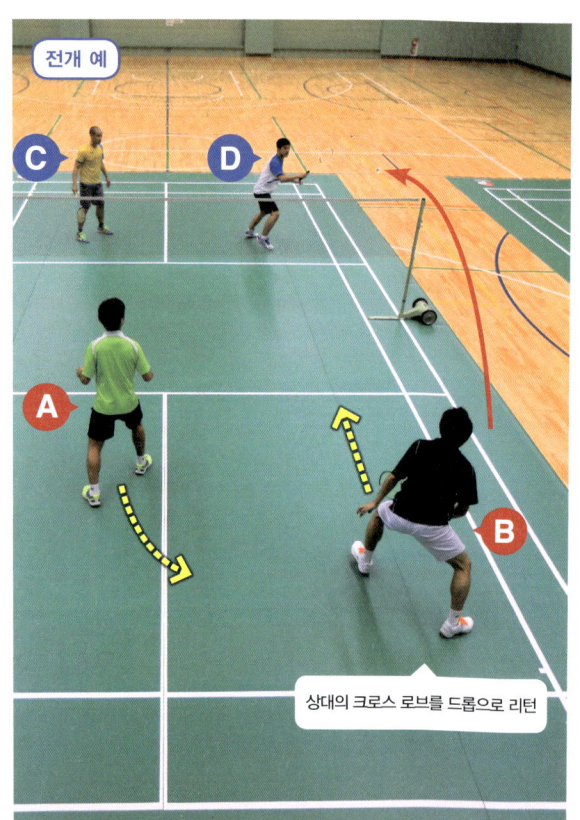

전개 예

상대의 크로스 로브를 드롭으로 리턴

○ 연습 방법

상대 **C**, **D**는 네트 앞에 고정하고, 랠리 중에 로테이션도 하지 않는다. 연습자 **A**, **B**는 올 쇼트로 랠리를 한다. **A**, **B**는 기회가 오면 스매싱을 해도 된다. **C**, **D**는 앞에 떨어뜨리거나 네트 앞에서 셔틀콕을 띄워올리는 등 **A**, **B**를 움직이게 하고, **A**, **B**는 로테이션을 하면서 대응하고 공격적으로 플레이한다. **C**, **D**는 계속해서 같은 곳에 띄우지 않도록 유의한다.

? 왜 필요한가

공격적으로 전개한다

복식경기에서는 움직이는 와중에도 **가능한 한 공을 높은 곳에서 쳐서 공격적으로 전개**할 필요가 있다.

상대의 헤어핀을
헤어핀으로 리턴

상대의 로브를
드롭으로 리턴

P 포인트

빠른 움직임으로 가능한 한 높은 위치에서 셔틀콕을 친다

타점이 낮으면 셔틀콕을 띄울 수밖에 없기 때문에 상대에게 주도권을 빼앗기게 된다. 빠른 움직임으로 가능한 한 타점을 높이는 것이 중요하다.

셔틀콕을 쫓아가는 것이 늦으면
셔틀콕을 밑에서 치게 된다

난이도	★★★★☆
시간	3분×좌우 각 1세트

랠리 능력을 단련한다

목표: 리시브 능력의 향상

얻을 수 있는 효과
▶ 기술·감각
▶ 셔틀콕의 스피드
▶ 컨트롤
▶ 지구력
▶ 순발력

센터 그립	
인 그립	
아웃 그립	

Menu 035 2대1 푸시 & 리시브

상대 B, C는 로테이션을 하지 않고 네트 앞에 고정

연습자 A는 앞뒤로 움직이며 리시브

전개 예

상대의 푸시를 리시브로 리턴

상대의 푸시를 리시브로 리턴

○ 연습 방법

상대 **B**, **C**는 네트 앞에 고정. 연습자 **A**는 앞뒤로 움직이며 리시브하여 랠리를 이어간다.

? 왜 필요한가

앞뒤로 움직이는 전개에 익숙해진다

복식경기에서는 빠른 전개 속에서 앞뒤로 움직이며 리시브하는 경우가 많다. 움직이면서도 반응할 수 있도록 빠른 전개에 익숙해져서 정확하게 리시브할 수 있게 연습하는 것이 필요하다.

포인트

손과 발을 동시에 움직여서 리시브한다

움직이면서 리시브할 때 명심해야 할 것은 손과 발을 동시에 움직이는 것이다. 손으로만 리턴하려고 하면 발이 멈춰버리는 등 원활하게 움직일 수 없는 경우가 많다. 또 앞에 떨어진 공에 대해서도 신속하게 대응하는 것이 중요하다. 그러기 위해서도 **발을 앞으로 내밀고 리시브**하는 것을 명심하도록.

✗ 이 점에 주의

날아온 셔틀콕에 뒤로 물러나버린다

손과 발을 동시에 움직인다

EXTRA 다른 쪽 사이드에서도 연습한다

포핸드 사이드에서 연습한 후에는 백핸드 사이드에서도 똑같이 연습한다. 이 연습은 강도로는 그렇게 세지 않지만 ❸와 ❻의 사이드를 바꿔서 연습하는 등 세트 수나 시간 등으로 연습량을 조정한다.

랠리 능력을 단련한다

목표 상대의 구멍을 찾아서 공격한다

Menu 036 2대2 노 로브 연습

난이도	★★★★★
시간	3분×2세트

얻을 수 있는 효과

▶ 기술 · 감각
▶ 셔틀콕의 스피드
▶ 컨트롤
▶ 지구력
▶ 순발력

| 센터 그립 |
| 인 그립 |
| 아웃 그립 |

서로 크게 올리는 로빙은 좋지 않은 게임 형식

전개 예

연습 방법

게임 형식에서 서로 로브를 올리지 않도록 유의하면서 랠리를 한다. 크게 올리는 로빙은 NG이지만 밑에서 칠 수밖에 없는 공은 하프로 올려 상대를 움직이게 한다. 랠리가 이어지지 않을 때는 쇼트 서비스 라인에서 후방 에어리어로 한정해서 연습한다.

? 왜 필요한가 · 상대의 틈을 찾는다

복식경기에서는 빠른 전개가 많지만 그래도 상대의 틈을 찾아 로빙을 하게 하는 샷이 필요하다. 빠른 전개 속에서 상대의 틈을 찾아서 노린다.

P 포인트

빨리 움직이고 높은 타점에서 셔틀콕을 다룬다

노 로브는 빨리 움직이는 것이 대전제. 셔틀콕을 밑에서 치게 되면 당연히 띄울 수밖에 없는 상황이 되므로 가능한 한 높은 타점에서 다루도록 한다. 그렇게 함으로써 랠리의 주도권도 잡기 쉽다.

전위의 푸시를 습득한다

목표: 복식경기의 전위에서 사용하는 푸시의 종류를 배운다

? 왜 필요한가

전위에서는 푸시 방법이 늘어난다

몸 주변에서의 스매싱 리시브 방법은 약 16종류에 이르지만 복식경기의 전위에서는 대응 에어리어가 더욱 넓어져서 푸시로 대응하는 방법이 4종류 추가된다. 에어리어로는 머리에서 위를 백핸드 사이드, 중앙, 포핸드 사이드로 나눈 세 가지. 복식 플레이어는 16종류에 더해 이 4종류도 칠 수 있도록 연습한다.

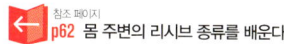
참조 페이지 p62 몸 주변의 리시브 종류를 배운다

에어리어 ⑩ 기본 리턴 — 백핸드로 아웃 그립

에어리어 ⑩ 챌린지 — 포핸드로 인 그립

POINT: 파고 들어가서 푸시할 수 있다면 인 그립으로 푸시하는 것이 힘을 넣기 쉽다

에어리어 ⑪ 기본 리턴 — 포핸드로 인 그립

에어리어 ⑫ 기본 리턴 — 포핸드로 인 그립

복식경기의 기본을 이해하고
두 사람의 약속된 플레이를 만들어가자

복식경기에서는 테크닉이나 빠른 전개와 함께 중요한 것이 파트너와의 커뮤니케이션이다.

특히 시합 때는 어느 선수의 약점이 공격당하거나, 누가 받을지 애매한 곳에 떨어지는 등 팀 분위기가 나빠지는 요소가 많다. 혼자 플레이하는 것이 아니라 두 사람이 플레이하는 것이므로 서로에게 하고 싶은 말을 할 수 있는 관계를 만들어야 한다.

두 사람의 분위기가 나빠지는 큰 원인 중 하나는 복식경기의 기본을 모른다는 것을 들 수 있다. 여기로 치면 여기로 움직인다, 이 셔틀콕은 누가 받으면 다음 동작을 원활하게 할 수 있다와 같이 이론이나 기본을 알고 있으면 누가 어떻게 플레이해야 하는지가 명확하지만, 그렇지 않으면 미스의 원인을 서로 파트너 탓으로 생각하는 경향이 있다. 기본을 공부해서 냉정하게 어떻게 플레이하는 것이 좋은지를 이해한 다음 두 사람의 장점이나 약점을 고려하여 두 사람의 약속된 플레이를 만들어 가면 되지 않을까?

또 오래 짝을 이루고 있는 팀이라도 '말하지 않아도 알겠지.' 하고 커뮤니케이션 부족에 빠지는 경향이 있다. 대화를 통해 플레이 스타일을 진화시킬 수 있으므로 지금부터라도 이기는 게임을 하기 위해서는 적극적으로 플레이에 대해 생각하고 있는 것을 이야기하기를 바란다.

Part 6

풋 워크

실제 시합에서는 움직이면서 치게 된다. 서로 상대를 뛰게 하거나 상대가 약한 곳으로 셔틀콕을 치기 때문에 늘 풋 워크를 사용하게 된다. 움직이면서 치면 갑자기 컨트롤할 수 없게 되거나 미스가 늘어나곤 한다. 움직이면서 정확하게 친다는 것은 그만큼 어려운 일이다. 이번 장에서는 풋 워크의 기본을 배워본다.

풋 워크에 대한 사고방식

풋 워크에서 가장 중요한 부분은 상대가 셔틀콕을 친 후에 반응하는 '최초의 움직임'이다. 최초의 움직임을 잘할 수 있으면 여유를 갖고 셔틀콕을 칠 수 있으므로 다양한 샷을 하기 쉬워진다. 그러기 위해서도 우선 실제 풋 워크를 연습하기 전에 자세와 위치 선정에 대해 배워본다.

앞모습

○ 자세 잡는 법

오른발과 왼발이 적어도 어깨 넓이 이상의 스탠스를 유지하도록 자세를 잡는다. 양쪽 무릎을 구부리고 발 끝에 중심이 실리도록 발꿈치를 약간 든다는 생각으로 자세를 잡는다.

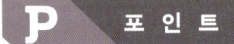

P 포인트

무릎을 구부린 상태를 유지한다

무릎을 구부리고 있는 상태 = 바로 움직일 수 있는(뛰어나간다) 상태다. 무릎을 펴면 움직임이 늦어지므로 무릎을 구부린 상태를 유지하는 것이 중요하다.

옆모습

✕ 이 점에 주의

무릎을 구부리지 않는다

무릎을 거의 구부리지 않고 우뚝 선 상태에서는 상체도 서 있기 때문에 중심이 뒤로 가서 움직임이 늦어진다.

코트 위에서의 위치 선정

상대의 타구에 대비하여 자세를 잡는 장소, 소위 홈 포지션은 반드시 코트 한가운데일 필요는 없다. 상대의 샷을 읽을 수 있을 것 같으면 예측되는 코스 쪽으로 옮겨서 자세를 잡아도 OK. 이때 스탠스도 어깨 넓이 이상으로 벌리는 것에 유의한다.

POINT
상대가 백핸드 사이드로 칠 것 같으면 백핸드 쪽으로 옮긴다. 이때 코트 앞쪽에 떨어질 것 같으면 백핸드 앞쪽으로, 코트 뒤쪽으로 칠 것 같으면 백핸드 뒤쪽으로와 같이 전후의 움직임에도 유의하여 포지셔닝한다

POINT
상대의 샷을 읽을 수 없을 때는 코트 중앙에서 자세를 잡는 것이 기본이다

POINT
상대가 포핸드 사이드로 칠 것 같으면 포핸드 쪽으로 옮긴다. 이때 코트 앞쪽에 떨어질 것 같으면 포핸드 앞쪽으로, 코트 뒤쪽으로 칠 것 같으면 포핸드 뒤쪽으로와 같이 전후의 움직임에도 유의하여 포지셔닝한다

움직이기 쉬운 방향

자세를 잡았을 때 오른발과 왼발을 같은 방향으로는 움직이기 쉬워지므로 상황에 맞춰 스탠스를 바꾼다. 스탠스 조정이 애매하면 최단거리로 움직이지 못하고 셔틀콕에 대한 대응도 늦어지기 쉽다.

오른발이 앞, 왼발이 뒤
포핸드 앞쪽 – 백핸드 뒤쪽 방향으로 움직이기 쉽다

오른발이 뒤, 왼발이 앞
백핸드 앞쪽 – 포핸드 뒤쪽 방향으로 움직이기 쉽다

양발이 나란히
양 사이드로 움직이기 쉽다

Menu 037 전방으로의 풋 워크

난이도 ★☆☆☆☆
시간 3분

🔵 연습 방법

언더 클리어를 한다는 생각으로 포핸드 앞쪽, 백핸드 앞쪽으로 움직인다. 스타트에 유의하여 연습한다.

▲ **포핸드 앞쪽으로의 스타트** 왼발 → 오른발의 순서로 중심을 무너뜨리고 순간적으로 근육 등을 사용하여 (중심을) 아래로 떨어뜨린 순간 왼발을 차며 한 번에 가속한다.

▲ **백핸드 앞쪽으로의 스타트** 오른발 → 왼발의 순서로 중심을 무너뜨리고 순간적으로 근육 등을 사용하여 (중심을) 아래로 떨어뜨린 순간 오른발을 차며 한 번에 가속한다.

P 포인트

중심을 무너뜨리고 움직인다

이동하는 방향으로 중심을 무너뜨리는 것에 유의하여 움직인다. 포핸드 앞쪽이면 오른발을 앞으로 내디딘 스탠스에서 오른발을 무너뜨리면 포핸드 앞으로 쓰러지므로 '쓰러지는 기세 + 차는 힘 = 이동하는 힘'이 된다.

Menu 038 후방으로의 풋 워크

난이도 ★☆☆☆☆
시간 3분

🔵 연습 방법

코트 뒤쪽으로 셔틀콕을 쫓아간다는 생각으로 포핸드 뒤쪽, 백핸드 뒤쪽(라운드)으로 움직인다. 스타트에 유의하여 연습한다.

▲ **포핸드 뒤쪽으로의 스타트** 몸을 벌리면서 왼발 → 오른발의 순서로 중심을 무너뜨린다.

▲ **백핸드 뒤쪽(라운드)으로의 스타트** 몸을 벌리면서 오른발 → 왼발의 순서로 중심을 무너뜨린다.

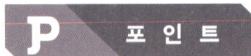

몸을 옆으로 벌리고 발끝을 옆으로 향한다

이동하는 방향으로 중심을 무너뜨리는 것에 유의하여 움직인다. 몸을 옆으로 벌리고 발끝을 옆으로 향하면 물러나기 쉽다.

큰 보폭으로 움직여서 걸음 수를 줄인다

풋 워크 전체에 해당하는 말로 걸음 수를 가능한 한 줄이면 빨리 움직일 수 있다. 예를 들면 백핸드 뒤쪽인 경우에 걸음 수가 늘어나면 셔틀콕 아래로 파고드는 것이 늦어지기 쉽다. 상황에 따라 다르지만 가능한 한 걸음 수를 줄여서 효율적으로 움직이는 것을 명심하자.

○ 연습 방법

백핸드 뒤쪽(라운드)으로 올린 셔틀콕을 상상하며 풋 워크를 한다.

▲ 백핸드 뒤쪽(라운드)으로의 풋 워크 예   왼발, 오른발 모두 크게 디디면 매끄럽게 이동할 수 있고, 좋은 자세로 셔틀콕을 쫓아갈 수 있다.

왼발, 오른발 모두 작게 디디면 걸음 수가 늘어나서 좋은 자세로 셔틀콕을 쫓아갈 수 없다.

P 포인트   중심을 무너뜨리고 움직인다

발을 크게 내디디고 세 걸음에 셔틀콕을 쫓아가도록 한다. 풋 워크에 서툰 사람은 쓸데없이 걸음 수가 늘어나서 세 걸음에 셔틀콕을 쫓아가지 못하면 다섯 걸음이 필요하게 되어 미스로 연결된다. 가능한 한 걸음 수를 적게 하여 효율적인 풋 워크를 해야 한다.

Menu 039 포핸드 앞쪽으로의 풋 워크 (가까운 경우)

난이도	★★★★★
시간	3분

● 연습 방법

셔틀콕과의 거리가 가까운 경우를 상정하여 네 걸음(왼발 → 오른발 → 왼발 → 오른발)으로 이동. 세 걸음째인 왼발을 사이드 스텝 혹은 교차시켜서 이동거리를 조절한다.

 셔틀콕을 치는 순간

 상대가 칠 때 어디로 어떤 샷이 올지 예측하는 순간

▲왼발로 차며 스타트

▲오른발을 대각선 앞에 접지

▲왼발을 사이드 스텝 혹은 교차시켜서 접지. 여기서 거리를 조절

▲오른발을 접지. 왼발은 오른발에 너무 다가가지 않는다

▲오른발로 차며 중심을 왼발로 이동

▲왼발로 다시 차며 돌아온다

▲준비 자세로

▲오른발을 접지

▲공중에서 자세를 가눈다

 셔틀콕과의 거리가 가까운 경우와 먼 경우의 공통 포인트!
① 머리가 아래위로 흔들리지 않도록 이동한다
② 발을 디딘 후의 왼발은 오른발에 너무 다가가지 않는다(돌아올 때 거리가 생긴다)
③ 돌아올 때는 왼발에 중심을 싣고 나서 돌아온다

Menu 040 포핸드 앞쪽으로의 풋 워크 (먼 경우)

난이도 ★★★★★
시간 3분

🔵 연습 방법

셔틀콕과의 거리가 먼 경우를 상정하여 네 걸음(왼발→오른발→왼발→오른발)으로 이동. 세 걸음째인 왼발이 몸 앞으로 나아가며 이동거리를 조절한다.

▲ 왼발로 차며 스타트   ▲ 오른발을 대각선 앞에 접지   ▲ 왼발이 몸 앞으로 나아가며 접지. 여기서 거리를 조절

▲ 오른발을 접지   ▲ 오른발로 차며 중심을 왼발로 이동   ▲ 왼발로 다시 차며 돌아온다

▲ 준비 자세로   ▲ 오른발을 접지   ▲ 공중에서 자세를 가눈다

★ '가까운 경우' '먼 경우' 모두 여기서는 거의 홈 포지션에서의 거리를 예로 들었다. 이동 걸음 수는 셔틀콕을 칠 때까지의 걸음 수. 홈 포지션에서 출발하여 발이 접지한 곳을 1보째로 하고 있다.

Menu 041 백핸드 앞쪽으로의 풋 워크 (가까운 경우)

난이도 ★★★★★
시간 3분

◯ 연습 방법

셔틀콕과의 거리가 가까운 경우를 상정하여 세 걸음(오른발 → 왼발 → 오른발)으로 이동. 첫 걸음은 다리를 크게 벌리고 돌아올 때는 오른발로 한 번에 바닥을 찬다.

▲오른발을 크게 대각선 앞에 접지. ▲왼발을 대각선 앞에 접지 ▲오른발로 차며 스타트

▲오른다리 허벅지를 끌어당기는 자세로 왼발을 차며 돌아온다

▲오른발로 강하게 차면서 중심을 왼발로 이동시킨다

P 포인트

이 방법은 언더 클리어 후 상대의 스매싱이나 클리어를 경계하여 돌아오는 경우다. 내디딘 후 왼발에 중심을 이동시키고 오른발로 강하게 차서 허벅지를 끌어당기면서 한 번에 돌아온다(사진 ⑤~⑧).

▲공중에서 자세를 가눈다

▲왼발을 접지

▲준비 자세로

셔틀콕과의 거리가 가까운 경우와 먼 경우의 공통 포인트!
① 머리가 아래위로 흔들리지 않도록 이동한다
② 발을 디딘 후의 왼발은 오른발에 너무 다가가지 않는다(돌아올 때 거리가 생긴다)
③ 돌아오는 방법은 상황에 따라 변화

Menu 042 백핸드 앞쪽으로의 풋 워크 (먼 경우)

난이도 ★★★★★
시간 3분

연습 방법

셔틀콕과의 거리가 먼 경우를 상정하여 다섯 걸음(오른발 → 왼발 → 오른발 → 왼발 → 오른발)으로 이동. 돌아올 때는 오른발로 강하게 차면서 중심을 왼발로 이동시키고 나서 돌아온다.

▲왼발을 교차시키며 앞에 접지   ▲오른발을 대각선 앞에 접지   ▲오른발로 차며 스타트하고 왼발을 접지

▲오른발로 강하게 차면서 중심을 왼발로 이동시킨다   ▲오른발을 대각선 앞에 접지

▲오른다리 허벅지를 끌어당기는 자세로 차면서 돌아온다   ▲왼발을 접지   ▲준비 자세로

Q 헤어핀 후 상대가 네트 앞으로 칠 것 같은 경우에는 어떻게 하나?

④
▲오늘발로 차며 왼발에 중심을 가볍게 이동시킨다

③
▲오른발을 크게 대각선 앞에 접지

⑤
▲왼발로 가볍게 차며 돌아온다

⑥
▲공중에서 상대의 타구를 확인한다

A 홈 포지션까지 돌아오지 않고 네트 앞을 경계한다

자신이 헤어핀을 한 후 상대가 네트 앞으로 리턴할 것 같다고 예측할 수 있는 경우에는 홈 포지션까지 돌아올 필요가 없다. 발을 내디딘 후 왼발에 가볍게 중심을 이동시키고 사이드 스텝으로 조금 돌아와서(사진 ⑤~⑦) 네트 앞의 샷에 대비한다.

② ▲왼발을 대각선 앞에 접지

① ▲오른발로 차며 스타트

⑦ ▲(헤어핀에 대응하기 위해) 양발을 차며 앞으로

⑧ ▲푸시 등으로 대응한다

Menu 043 포핸드 사이드로의 풋 워크 (가까운 경우)

난이도 ★★★★★
시간　3분

○ 연습 방법

셔틀콕과의 거리가 가까운 경우를 상정하여 두 걸음(양발 → 오른발)으로 이동. 돌아올 때는 오른발로 차서 왼발에 중심을 이동시키며 돌아온다.

▲양발로 차며 스타트

▲오른발을 옆으로 크게 내딛는다

▲오른발을 접지하고 허리를 숙인다

▲양발을 접지

▲왼발로 차며 돌아온다

▲오른발로 차며 왼발에 중심을 이동시킨다

▲준비 자세로

 셔틀콕과의 거리가 가까운 경우와 먼 경우의 공통 포인트!
① 자세는 무릎과 고관절을 깊숙하게 구부리고 신속하게 이동할 수 있는 준비를 한다
② 스타트는 중심을 약간 비스듬하게 아래로 이동시킨다는 생각으로 움직인다
③ 발을 디딜 때는 무릎과 발끝을 확실하게 벌리고 허리를 숙인다

Menu 044 포핸드 사이드로의 풋 워크 (먼 경우)

난이도 ★★★★★
시간 3분

🔵 연습 방법

셔틀콕과의 거리가 먼 경우를 상정하여 네 걸음(왼발 → 오른발 → 왼발 → 오른발)으로 이동. 스타트 때는 신체적인 능력을 감안하여 신속한 사이드 스텝으로 내디딘다.

▲왼발로 차며 스타트

▲오른발을 옆에 접지

▲왼발로 다시 찬다

▲왼발로 다시 차면서 돌아온다

▲오른발로 차면서 왼발로 중심을 이동

▲오른발을 옆으로 뻗으며 접지하고 허리를 숙인다

▲준비 자세로   ▲양발을 접지

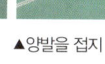

Menu 045 백핸드 사이드로의 풋 워크 (가까운 경우)

난이도	★★★★★
시간	3분

〇 연습 방법

셔틀콕과의 거리가 가까운 경우를 상정하여 두 걸음(양발 → 왼발)으로 이동. 포핸드와 마찬가지로 신체적인 능력을 중시한다. 접지하는 발이 왼발이므로 익숙지 않은 사람은 '먼 경우'의 풋 워크로 해도 된다.

▲왼발로 차며 돌아온다 　　▲왼발을 옆에 접지하고, 허리를 숙인다 　　▲양발로 차며 스타트

▲오른발로 중심을 이동 　　▲양발을 접지 　　▲준비 자세로

셔틀콕과의 거리가 가까운 경우와 먼 경우의 공통 포인트!

① 자세는 무릎과 고관절을 깊숙하게 구부리고 신속하게 이동할 수 있는 준비를 한다
② 디디는 발이 왼발, 오른발과 양발이므로 익숙해지도록 연습한다
③ 스타트는 중심을 약간 비스듬하게 아래로 이동시킨다는 생각으로 움직인다
④ 발을 디딜 때는 무릎과 발끝을 확실하게 벌리고 허리를 숙인다

Menu 046 백핸드 사이드로의 풋 워크 (먼 경우)

난이도 ★★★★★
시간 3 분

○ 연습 방법

셔틀콕과의 거리가 먼 경우를 상정하여 세 걸음(오른발 → 왼발 → 오른발)으로 이동. 스타트 때는 신체적인 능력을 감안하여 신속하게 오른발로 내디딘다.

▲왼발로 차며 오른발을 접지하고 허리를 숙인다   ▲왼발을 옆에 접지   ▲오른발로 차며 스타트

▲오른발로 차며 왼발로 중심을 이동   ▲왼발로 차며 돌아온다   ▲공중에서 자세를 가눈다

▲왼발을 접지   ▲준비 자세로

Menu 047 포핸드 뒤쪽으로의 풋 워크 (가까운 경우)

난이도 ★★★★★
시간 3분

연습 방법

셔틀콕과의 거리가 가까운 경우를 상정하여 네 걸음(왼발 → 오른발 → 왼발 → 오른발)으로 이동. 스타트 후 세 걸음째인 왼발은 뒤로 교차한다(사진 ③). 동시에 상반신을 써서 테이크백하여 자세를 만든다. 뒤로 물러나면서 타구하기 때문에 타구한 후에는 오른발로 차서 즉시 돌아온다.

① ▲왼발로 차며 스타트 
② ▲오른발을 비스듬하게 뒤에 접지, 발끝은 옆을 향한다 
③ ▲왼발을 오른발 뒤로 교차하고, 상반신도 비틀어서 타구하는 자세를 만든다 
④ ▲왼발을 접지 
⑤ ▲왼발을 차며 스윙 개시 
⑥ ▲셔틀콕을 때린다 
⑦ ▲오른발을 접지하고 찬다 
⑧ ▲왼발을 접지하고 찬다 
⑨ ▲오른발로 가볍게 찬다 
⑩ ▲공중에서 자세를 가눈다 
⑪ ▲준비 자세로

셔틀콕과의 거리가 가까운 경우와 먼 경우의 공통 포인트!
① 스타트하여 물러날 때는 몸을 벌리고 발끝을 옆으로 하여 사이드 스텝으로 물러난다
② 셔틀콕을 때릴 때는 발을 어느 쪽으로 교차하든 상관없지만 포핸드인 경우에는 교차하지 않는 것이 신속하게 돌아올 수 있다

Menu 048 포핸드 뒤쪽으로의 풋 워크 (먼 경우)

난이도 ★★★★★
시간 3분

○ 연습 방법

셔틀콕과의 거리가 먼 경우를 상정하여 여섯 걸음(왼발 → 오른발 → 왼발 → 오른발 → 왼발 → 오른발)으로 이동. 스타트 후 사이드 스텝으로 거리를 좁히고 나서 오른발로 디디고 타구한다.

▲ 왼발로 차며 스타트하고 오른발을 비스듬하게 뒤에 접지

▲ 오른발로 차며 사이드 스텝으로 물러난다

▲ 왼발로 접지하고 오른발을 비스듬하게 더 뒤로

▲ 오른발을 접지하고 왼발을 뒤로 교차

▲ 왼발을 접지

▲ 오른발을 크게 빼며 위로 점프

▲ 스윙하고 착지

▲ 오른발로 강하게 차며 돌아온다

▲ 준비 자세로

▲ 공중에서 자세를 가눈다

▲ 오른발로 가볍게 찬다

▲ 왼발로 차며 돌아온다

Menu 049 백핸드 뒤쪽(라운드)으로의 풋 워크 (가까운 경우)

난이도 ★★★★★
시간 3분

🔵 연습 방법

셔틀콕과의 거리가 가까운 경우를 상정하여 네 걸음(오른발 → 왼발 → 왼발 → 오른발)으로 이동. 스타트 후 오른발로 차며 오른다리 허벅지를 올리는 것과 동시에 왼발로 찬다. 그대로 한 번에 몸을 회전시키고 왼발부터 접지. 오른발로 내디딜 때는 확실하게 버틴다.

▲ 왼발로 가볍게 찬다   ▲ 오른발을 크게 당기면서 상체를 회전시킨다    ▲ 왼발을 비스듬하게 뒤에 접지   ▲ 오른발로 차며 스타트

▲ 왼발로 가볍게 차며 돌아온다   ▲ 발을 교차하여 착지   ▲ 위로 뛰어오르면서 스윙 개시   ▲ 왼발로 접지 후 오른발을 크게 당겨서 접지

▲ 오른발로 차며 돌아온다    ▲ 왼발로 가볍게 찬다    ▲ 공중에서 자세를 가눈다    ▲ 준비 자세로

셔틀콕과의 거리가 가까운 경우와 먼 경우의 공통 포인트!

① 스타트하여 물러날 때는 몸을 벌리고 발끝을 옆으로 하여 사이드 스텝으로 물러난다
② 몸을 신속하게 회전시킨다
③ 오른발로 점프하여 타구할 때 뒤가 아니라 위나 앞으로 뛰어오를 수 있도록 마루를 찬다

Menu 050 : 백 핸드 뒤쪽(라운드)으로의 풋 워크 (먼 경우)

난이도	★★★★★
시간	3분

🔵 연습 방법

셔틀콕과의 거리가 먼 경우를 상정하여 다섯 걸음(오른발 → 왼발 → 오른발 → 왼발 → 오른발)으로 이동. 먼저 몸을 신속하게 회전시키고 나서 사이드 스텝으로 물러난다.

▲ 왼발을 오른발로 가져가서 접지  | ▲ 오른발을 신속하게 끌어당기며 회전 | ▲ 왼발을 비스듬하게 뒤에 접지 | ▲ 오른발로 차며 스타트

(3보째 오른발) (2보째 왼발) (1보째 오른발) START

▲ 발을 교차하며 착지  | ▲ 위로 뛰어오르면서 스윙 개시 | ▲ 오른발을 크게 당기며 접지 | ▲ 왼발로 찬다

(타점 포인트) (5보째 오른발) (4보째 왼발)

▲ 왼발로 강하게 차며 돌아온다  | ▲ 오른발로 차며 왼발을 접지  | ▲ 공중에서 자세를 가눈다  | ▲ 준비 자세로

(확인 포인트)

Menu 051 점프할 때의 스텝
(포핸드 사이드)

난이도 ★★★☆☆
시간 2분

풋 워크의 레벨을 올린다

포핸드 사이드, 백핸드 사이드, 포핸드 뒤쪽, 백핸드 뒤쪽에서는 기본 스텝 외에 '점프'로 대응하는 방법이 있다. 그 예를 소개한다.

원 포인트 어드바이스

○ 연습 방법

포핸드 사이드로 네 걸음(왼발 → 오른발 → 왼발 → 오른발)으로 이동. 잰걸음으로 사이드 스텝을 밟으며 셔틀콕 아래로 들어가고 나서 점프할 수 있도록 발을 빨리 움직인다.

▲왼발로 차며 스타트하고 오른발을 접지 ▲왼발을 오른발에 모은다 ▲왼발로 차고 오른발을 옆으로 벌린다 ▲오른발을 크게 벌리며 셔틀콕 아래로 들어간다

▲위로 점프하면서 스윙 개시 ▲셔틀콕을 타구하고 먼저 오른발을 접지 ▲오른발→왼발의 순서로 접지. 오른발로 차며 중심을 왼쪽으로 무너뜨린다

▲준비 자세로 ▲오른발을 접지 ▲공중에서 자세를 가눈다 ▲왼발로 차며 돌아온다

Menu 052 점프할 때의 스텝
(백핸드 사이드)

난이도 ★★★★★
시간 2분

○ 연습 방법

백핸드 사이드로 네 걸음(오른발 → 왼발 → 오른발 → 왼발)으로 이동. 포핸드 사이드와 마찬가지로 잰걸음으로 사이드 스텝을 밟으며 셔틀콕 아래로 들어가고 나서 점프할 수 있도록 발을 빨리 움직인다.

▲ 왼발을 크게 벌리며 셔틀콕 아래로 들어간다
▲ 오른발로 차고 왼발을 옆으로 벌린다
▲ 오른발을 왼발에 모은다
▲ 오른발로 차며 스타트하고 왼발을 접지

▲ 왼발 → 오른발의 순서로 접지. 왼발로 차며 중심을 오른쪽으로 무너뜨린다
▲ 셔틀콕을 타구한다
▲ 위로 점프하면서 스윙 개시

▲ 오른발로 차며 돌아온다
▲ 공중에서 자세를 가눈다
▲ 왼발을 접지
▲ 준비 자세로

Menu 053 점프할 때의 스텝 (포핸드 뒤쪽)

난이도 ★★★☆☆
시간 2분

연습 방법

포핸드 뒤쪽으로 네 걸음(왼발 → 오른발 → 왼발 → 오른발)으로 이동. 뒤로 물러날 때는 발끝을 옆으로 향하고 사이드 스텝을 하며 점프. 스윙 후의 착지는 양발로 해도 되지만 양발이 모이지 않아야 빨리 돌아올 수 있다.

▲왼발로 차며 스타트하고 오른발을 비스듬하게 뒤에 접지
▲왼발을 오른발에 모은다
▲왼발로 차고 오른발을 크고 비스듬하게 뒤에 접지
▲셔틀콕 아래로 들어가 오른발로 점프

▲위로 점프하면서 스윙 개시
▲셔틀콕을 타구하고 오른발부터 착지
▲오른발 → 왼발의 순서로 착지. 오른발로 차며 중심을 왼쪽에 남긴다

▲준비 자세로
▲공중에서 자세를 가눈다
▲오른발을 접지
▲왼발로 차며 돌아온다

Menu 054 점프할 때의 스텝 (백핸드 뒤쪽:라운드)

난이도 ★★★★★
시간 2분

연습 방법

백핸드 뒤쪽(라운드)으로 네 걸음(오른발 → 왼발 → 오른발 → 왼발)으로 이동. 잰걸음으로 사이드 스텝을 밟으며 이동하여 왼발로 점프하고, 스윙 후 착지도 왼발부터. 착지는 양발이 모이지 않아야 빨리 돌아올 수 있다.

▲ 셔틀콕 아래로 들어가 왼발로 점프
▲ 오른발로 차고 왼발을 크고 비스듬하게 뒤에 접지
▲ 오른발을 왼발에 모은다 
▲ 오른발로 차며 스타트하고 왼발을 비스듬하게 뒤에 접지

▲ 왼발로 차며 돌아온다
▲ 왼발 → 오른발의 순서로 접지. 왼발로 차며 중심을 오른발로 무너뜨린다 
▲ 셔틀콕을 타구한다
▲ 위로 점프하면서 스윙 개시

▲ 사이드 스텝으로 돌아온다
▲ 오른발을 비스듬하게 앞으로 내디딘다 
▲ 왼발을 비스듬하게 앞으로 내디딘다 
▲ 공중에서 자세를 가누고 준비 자세로

실전에 도움이 되는 풋 워크 연습	난이도	★★★★★

풋 워크의 향상과 스피드 업

목표

시간	30초 × 4세트

얻을 수 있는 효과
- ▶ 기술 · 감각
- ▶ 셔틀콕의 스피드
- ▶ 컨트롤
- ▶ 지구력
- ▶ 순발력

Menu 055 풋 워크 지시 내리기

○ 연습 방법

사진처럼 풋 워크를 연습하는 사람 앞에 지시자가 서고, 연습자는 지시자의 지시에 따라 움직인다. 지시를 내리는 방향은 여섯 가지. 지시는 연습자가 홈 포지션에 돌아오기 직전에 내린다.

홈 포지션

연습자가 진행하는 에어리어는 6방향

연습 예

백핸드 앞쪽으로의 이동을 지시

백핸드 앞쪽으로 풋 워크로 이동

? 왜 필요한가

실전을 상정하여 움직인다

예측할 수 없는 지시에 따라 움직임으로써 실전에서도 여섯 방향으로 신속하게 움직일 수 있게 한다.

P 포인트

레벨에 맞춘 지시를 내린다

지시자는 풋 워크 연습을 하는 선수의 레벨에 맞춰 지시를 내린다. 연습에 숙달되면 포핸드 앞쪽을 가리키는 척하며 백핸드 앞쪽을 가리키는 등 페인트를 섞어도 된다.

실전에 도움이 되는 풋 워크 연습

난이도	★★★★★
시간	셔틀콕 6개×각 2세트

얻을 수 있는 효과
- ▶ 기술 · 감각
- ▶ 셔틀콕의 스피드
- ▶ 컨트롤
- ▶ 지구력
- ▶ 순발력

목표: 풋 워크의 향상과 스피드 업

Menu 056 셔틀콕 옮기기

연습 방법

코트 안에 셔틀콕을 놓고 그것을 직선, 크로스, 사이드 등으로 옮긴다. 셔틀콕을 다 옮기면 교대한다. 숙달되면 셔틀콕이나 세트 수를 바꿔 강도를 높이도록.

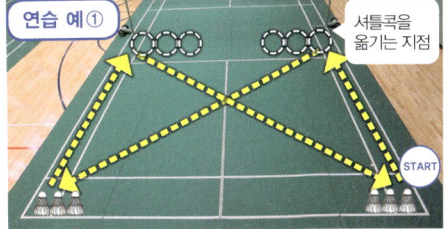

연습 예①

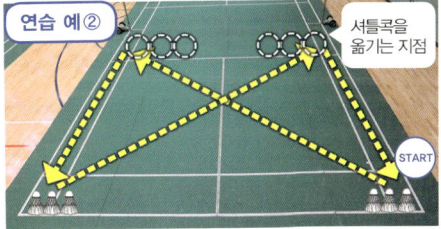

연습 예②

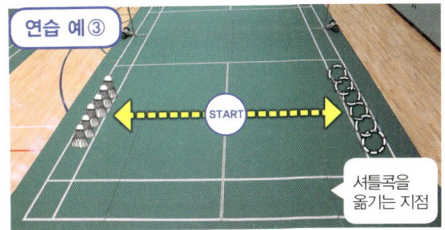

연습 예③

? 왜 필요한가

스피드와 스태미나의 향상

풋 워크의 스피드를 향상시키고, 또 셔틀콕의 개수나 세트 수 등을 늘림으로써 스태미나도 향상시킨다.

P 포인트

걸음 수에 유의한다

이 연습을 할 때도 코트 안쪽에서 움직일 때 걸음 수가 늘어나지 않도록 유의한다. 또 스피드도 떨어지지 않도록 연습한다.

> **Q** 상대의 샷에 속지 않기 위해서는 어떻게 해야 하나?

A1 상대가 셔틀콕을 때리는 순간에 맞춰서 발이 뜬 상태를 만들도록 한다

상대의 페인트 등에 속을 때는 양발이 바닥에 붙어 있는 상태일 때가 대부분이다. 즉 상대가 타구한 순간에 한쪽 발이나 양발이 공중에 떠 있으면 페인트에 속기 어렵다는 말이다. 상대가 타구하는 타이밍에 맞춰 발이 뜬 상태를 만들도록 한다. 또 상대의 샷을 읽을 수 있을 때 외에는 상대가 타구하고 나서 움직인다는 생각을 갖는 것도 중요하다.

케이스 1
백핸드 뒤쪽으로의 움직임

왼발로 타이밍을 잰다

◀ 상대가 셔틀콕을 때리기 직전에 왼발로 오른발이 뜨는 타이밍을 조정한다

확인 포인트

양발이 뜬다

◀ 양발이 공중에 뜬 상태일 때 상대가 셔틀콕을 때리고 있으므로 속지 않고 셔틀콕을 확인하고 움직일 준비를 할 수 있다. 이때가 스타트의 '확인 포인트'가 된다

◀ 타구 코스를 빨리 파악하고(라운드로 오는 클리어), 그 방향으로 움직일 수 있도록 오른발을 접지한다

A2 움직이기 어려운 장소로 신속하게 발을 바꿔서 대응한다

왼쪽 페이지의 연속 사진은 백핸드 뒤쪽으로의 이동으로 오른손잡이 선수에게는 오른발을 먼저 준비하는 경우가 많고 움직이기 쉬운 방향이기도 하다. 백핸드 앞쪽이나 포핸드 뒤쪽으로 이동할 때는 홈 포지션으로 돌아올 때의 확인 포인트에서 양발을 빨리 바꾸면 움직이기 쉬워진다.

케이스 2
백핸드 앞쪽으로의 움직임

◀상대가 셔틀콕을 때리기 직전에 왼발로 오른발이 뜨는 타이밍을 조정한다

확인 포인트

◀양발이 공중에 뜬 상태일 때 상대가 셔틀콕을 때리고 있으므로 속지 않고 셔틀콕을 확인하고 움직일 준비를 할 수 있다. 이때 스타트하며 상대가 때리는 코스를 판단한다

◀타구 코스를 빨리 파악하고(백핸드로 오는 드롭), 발을 바꿔서(오른발을 물리고 왼발을 앞으로 내디딘다) 그 방향으로 움직일 수 있도록 오른발을 접지한다. 만약 공중에서 양발을 바꿀 수 없어도 한번 착지하고 나서 신속하게 발을 바꿀 수 있으면 대응할 수 있다.

양발을 바꾼다

시합 중에 목소리를 내거나 감정을 표시하는 것이 좋다?

이 책의 서두에서 배드민턴 실력을 향상시키기 위해 필요한 여섯 가지 요소를 소개했다. 이 책에서는 '정신력을 단련한다'는 것에 관해서는 자세하게 다루지 않았지만, 시합 때는 결국 정신력이 모든 것을 좌우한다.

시합 때든 연습 때든 마찬가지이지만 힘이 들어도 파이팅하려는 마음이 없으면 도중에 포기하게 된다. 시합 때는 왕왕 참을성 경쟁이 되는 경우도 있다. 먼저 포기하는 쪽이 지는 것이다.

다시 말하면 시합 때는 어떻게 자신에게 파이팅을 불어넣느냐가 중요하다. 난 정신적으로 힘들어졌을 때는 목소리를 내거나 세레모니를 하며 기분을 표현하려고 했다. 목소리는 정신적인 면에서 기분을 고조시키기 위한 큰 요소 중 하나다.

목소리를 내면 경우에 따라 주심에게 주의를 받는 경우도 있다. 자신을 고무시키기 위해 목소리를 내는 것은 문제가 없지만 쓸데없이 상대를 불쾌하게 만드는 것은 좋지 않다.

사람에 따라서는 냉정하고 담담하게 플레이하는 것이 집중하기 쉬운 경우도 있을 것이다.

어쨌든 자신의 스타일을 확립하는 것이 중요하다. 자신은 집중하고 있다고 생각하면서 플레이해도 주위에서는 겉돌고 있는 것처럼 보이는 경우도 많다. 많은 시합을 통해 자신이 이길 수 있는 집중법이나 스타일을 찾아보자.

Column 6

Part 7

트레이닝

마지막 장이 되는 7장에서는 배드민턴에 도움이 되는 트레이닝을 정리했다. 시합에서 이기기 위해서는 트레이닝은 빼놓을 수 없는 요소다. 여기서는 배드민턴 스텝의 동작을 활용한 스텝 연습도 소개한다. 연습 메뉴에도 꼭 포함시키자.

트레이닝에 대한 사고방식

배드민턴에서는 단순히 근육을 키우기만 하면 몸이 무거워져서 움직임이 둔해지므로 별로 권장하지 않는다. 배드민턴의 움직임에 적합한 체력을 키우는 것이 중요하다. 배드민턴이라는 경기의 특성에 맞춘 트레이닝을 하는 것이 경기력 향상으로 이어진다. 여기서는 배드민턴 경기의 특성에 맞춘 트레이닝을 몇 가지 소개한다.

? 왜 필요한가

경기력 향상, 레벨 업을 목표로 한다면 빼놓을 수 없다

단순히 셔틀콕만 치는 것이라면 트레이닝은 필요 없지만, 스매싱을 강하게 하고 싶다, 스태미나를 키우고 싶다, 풋 워크의 스피드를 올리고 싶다와 같이 경기력 향상을 목표로 한다면 트레이닝은 빼놓을 수 없다. 배드민턴 특유의 스텝 트레이닝의 일환으로 받아들이자.

Menu 057 차이니스 스텝

난이도	★★☆☆☆
시간	3분

얻을 수 있는 풋 워크의 효과
- ▶ 스타트 속도
- ▶ 점프력
- ▶ 균형감
- ▶ 스태미나

○ 연습 방법

다음 순서로 발을 움직인다. '10초 동안 천천히, 그 후 10초 동안 빠르게'를 반복한다. ①양발 전후(그림1) ②좌우 벌리기(그림2) ③양발 교대로 전후(그림3) ④오른발 앞 → 왼발 앞 → 오른발 뒤 → 왼발 뒤(사진·그림4) ⑤ ④의 역순(왼발 뒤 → 오른발 뒤 → 왼발 앞 → 오른발 앞) ⑥태핑(준비 자세에서 빠르게 제자리 뛰기).

P 포인트

스타트 시의 기본 스텝, 중심 이동을 강화

스타트의 기본이 되는 스텝을 강화한다. 또 상대의 페인트에 신속하게 중심을 이동시키는 연습이 된다.

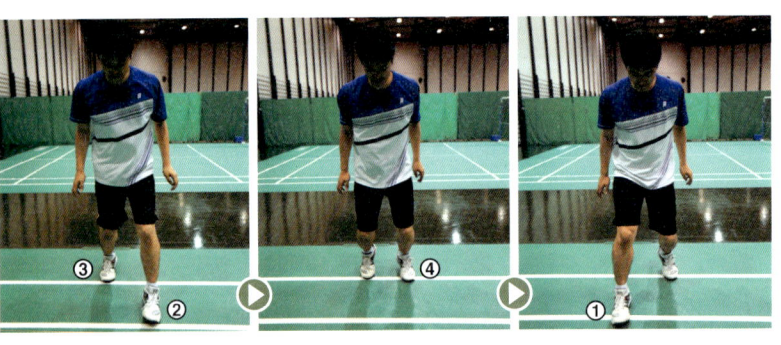

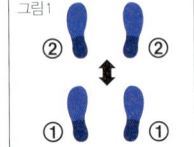
그림1

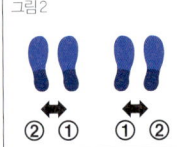
그림2

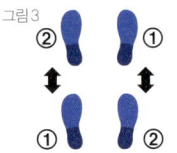
그림3

그림4

Menu 058 라인 점프

○ 연습 방법

단식 코트의 사이드라인과 복식 코트의 사이드라인을 양발로 앞뒤로 밟으며 점프.

난이도	★☆☆☆☆
시간	30초×2세트

얻을 수 있는 풋 워크의 효과
- ▶ 스타트 속도
- ▶ 점프력
- ▶ 균형감
- ▶ 스태미나

POINT 중심은 라인의 중앙에 둔 채

P 포인트

균형이 무너진 상태에서도 신속하게 움직인다

균형이 무너진 상태에서도 신속하게 움직이는 것에 유의한다. 라인의 중앙에 중심을 둔 채 연속 점프를 반복한다.

Menu 059 통 넘기

○ 연습 방법

단식 코트의 사이드라인 위에 셔틀콕의 통을 세워놓고 복식 코트의 사이드라인까지 양발로 옆으로 점프. 이 동작을 반복한다.

난이도	★★★☆☆
시간	15회×2세트

얻을 수 있는 풋 워크의 효과
- ▶ 스타트 속도
- ▶ 점프력
- ▶ 균형감
- ▶ 스태미나

P 포인트

발을 벌린 채 점프

발을 어깨넓이로 벌린 채 연속 점프한다. 발을 벌린 상태에서 하면 실전에 좀 더 도움이 되는 움직임이 된다.

Menu 060 스킵 skip

난이도	★★★★★
시간	20초×2세트
얻을 수 있는 풋 워크의 효과	
▶ 스타트 속도	
▶ 점프력	
▶ 균형감	
▶ 스태미나	

○ 연습 방법

코트의 사이드라인 사이에서 스킵한다. 오른발을 올리고 있을 때는 왼손을 올리고, 왼발을 올리고 있을 때는 오른손을 올리며 리드미컬하게 한다.

P 포인트

딛는 발뿐만 아니라 올리는 발도 유의하자

손 동작과 발 동작의 타이밍을 맞춘다. 디디는 발에 힘이 들어가기 쉬운데 올리는 발로 점프하듯이 한다.

넓적다리를 들어올린다

Menu 061 스킵니인 skip knee in

난이도	★★★★★
시간	20초×2세트
얻을 수 있는 풋 워크의 효과	
▶ 스타트 속도	
▶ 점프력	
▶ 균형감	
▶ 스태미나	

○ 연습 방법

오른발을 몸 바깥쪽에서 안쪽으로 들어올리면서 스킵하고 왼쪽 방향으로 나아간다.

P 포인트 상반신은 무릎을 넣는 방향과는 반대 방향으로

무릎을 안쪽으로 넣을 때는 상반신을 반대 방향으로 확실하게 비튼다. 머리는 움직이지 않도록 한다.

머리는 움직이지 않는다

Menu 062 백스킵니아웃 back skip knee out

난이도	★★★★★
시간	20초×2세트
얻을 수 있는 풋 워크의 효과	
▶ 스타트 속도	
▶ 점프력	
▶ **균형감**	
▶ 스태미나	

연습 방법

오른발을 안쪽에서 바깥쪽으로 들어올리면서 뒤로, 왼발을 안쪽에서 바깥쪽으로 들어올리면서 뒤로. 이것을 교대로 하며 뒤로 나아간다.

포인트 — 고관절에 유의한다. 상반신은 안정시킨다

고관절에 유의하면서 무릎을 확실하게 바깥쪽으로 돌린다. 또 동시에 상반신을 안정시키고 균형이 무너지지 않도록 한다.

Menu 063 사이드 스텝

난이도	★★★★★
시간	20초×2세트

얻을 수 있는 풋 워크의 효과
▶ 스타트 속도
▶ 점프력
▶ 균형감
▶ 스태미나

연습 방법 코트의 한쪽 면을 사용하여 사이드 스텝을 한다. 오른쪽 방향, 왼쪽 방향 모두 연습한다.

포인트 머리가 아래위로 흔들리지 않도록 유의한다

사이드로의 움직임을 안정시키는 트레이닝. 엄지발가락부터 차고, 엄지발가락부터 디딘다. 머리가 아래위로 흔들리지 않도록 이동한다.

숙달되면 팔 운동도 병행한다. 양발을 벌리고 있을 때는 양팔을 위로, 양발을 모으고 있을 때는 양팔을 아래로.

Menu 064 크로스 스텝

난이도	★★★★★
시간	20초×2세트

얻을 수 있는 풋 워크의 효과
▶ 스타트 속도
▶ 점프력
▶ 균형감
▶ 스태미나

연습 방법 발을 앞뒤로 크로스시키면서 옆으로 나아간다. 역방향도 마찬가지로 연습한다.

포인트 발을 움직이면서 허리를 트위스트

하반신과 상반신을 트위스트하는 타이밍을 맞춘다. 이것은 배드민턴에서 중요한 동작으로 포핸드 뒤쪽 등에서 샷을 할 때도 쓰는 동작이다.

Menu 065 투 스텝 앞으로

난이도	★★★★★
시간	20초×2세트
얻을 수 있는 풋 워크의 효과	
▶ 스타트 속도	
▶ 점프력	
▶ 균형감	
▶ 스태미나	

○ 연습 방법

양발을 써서 투 스텝으로 지그재그로 나아간다. 네트 앞에서 샷을 할 때처럼 큰 보폭으로 나아간다.

P 포인트

네트 앞으로 간격을 좁히는 풋 워크를 의식한다

투 스텝으로 방향을 전환할 때 바닥을 찬 발로 다시 찬다(사진 ⑤와 ⑥ 사이의 동작). 네트 앞으로의 움직임에 필요한 풋 워크다.

Menu 066 투 스텝 뒤로

난이도	★★★★★
시간	20초×2세트
얻을 수 있는 풋 워크의 효과	
▶ 스타트 속도	
▶ 점프력	
▶ 균형감	
▶ 스태미나	

○ 연습 방법

양발을 써서 투 스텝으로 뒤쪽을 향해 나아간다. 코트 뒤쪽에서 오버헤드로 칠 때처럼 큰 보폭으로 나아간다.

P 포인트

코트 뒤쪽으로 물러나는 풋 워크를 의식한다

투 스텝으로 방향을 전환할 때 바닥을 찬 발로 다시 찬다. 코트 뒤쪽으로의 움직임을 매끄럽게 하는 풋 워크다.

Menu 067 양발 점프

난이도	★★★★★
시간	20회×2세트

얻을 수 있는 풋 워크의 효과
▶ 스타트 속도
▶ 점프력
▶ 균형감
▶ 스태미나

○ 연습 방법
코트의 한쪽 사이드라인에서 다른 쪽 사이드라인까지 양발 점프를 하며 앞으로 나아간다.

P 포 인 트 온몸을 써서 크게 점프

발뿐만 아니라 팔과 복근 등 온몸을 써서 점프한다.

Menu 068 양발 점프 뒤로

난이도	★★★★★
시간	10회×2세트

얻을 수 있는 풋 워크의 효과
▶ 스타트 속도
▶ 점프력
▶ 균형감
▶ 스태미나

○ 연습 방법
코트의 한쪽 사이드라인에서 다른 쪽 사이드라인까지 양발 점프를 하며 뒤로 나아간다.

P 포 인 트 등근육을 잘 써서 뒤로

균형을 잡으면서 점프할 수 있도록 의식한다. 등근육을 잘 쓰는 것이 포인트다.

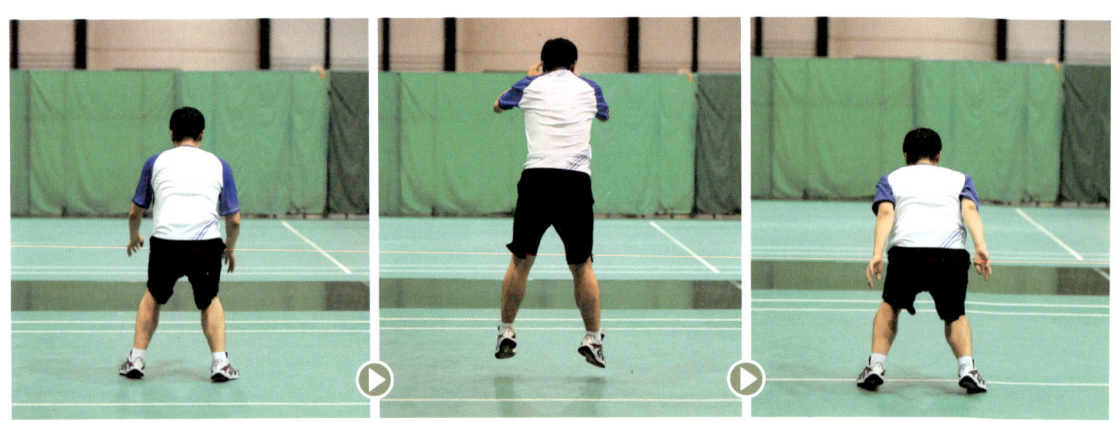

Menu 069 줄넘기

난이도	★★★★★
시간	30초×5세트
얻을 수 있는 풋 워크의 효과	
▶ 스타트 속도	
▶ 점프력	
▶ 균형감	
▶ 스태미나	

연습 방법

기본적으로 2단 뛰기로 뛴다. 30초 동안 50회를 목표로 한다. 여유가 있으면 3단 뛰기에 도전한다.

Level UP!

점프하면서 발을 앞뒤나 좌우로 벌리면 균형감각을 좀 더 단련할 수 있다.

Menu 070 외발뛰기

난이도	★★★★★
시간	20초×좌우 각 1세트
얻을 수 있는 풋 워크의 효과	
▶ 스타트 속도	
▶ 점프력	
▶ 균형감	
▶ 스태미나	

연습 방법

외발뛰기로 앞으로 나아간다. 좌우 번갈아 연습한다.

포인트 — 차는 발뿐만 아니라 들어올린 발도 사용한다

온몸을 써서 점프할 수 있도록 의식한다. 차는 발뿐만 아니라 들어올린 발도 사용한다.

Menu 071 외발 가위 뛰기

난이도	★★★★★
시간	20초×좌우 각 1세트
얻을 수 있는 풋 워크의 효과		
▶ 스타트 속도		
▶ 점프력		
▶ 균형감		
▶ 스태미나		

○ **연습 방법**

한쪽 발을 올린 외발뛰기 상태에서 오른발을 흔들어 올리면서 점프하며 나아간다. 이대로 오른발을 바닥에 대지 않고 이 동작을 반복한다. 반코트만큼 한발로 했다면 다른 발로도 똑같이 한다.

원 포인트 어드바이스

➡ 차는 발뿐만 아니라 팔도 흔들면서 앞으로 나아간다

Menu 072 옆으로 외발뛰기

○ **연습 방법**

한쪽 발을 올린 외발뛰기 상태에서 오른발을 흔들어 올리면서 점프하며 오른쪽으로 나아간다. 이대로 오른발을 바닥에 대지 않고 이 동작을 반복한다. 반코트만큼 한 발로 했다면 다른 발로도 똑같이 한다. 왼발을 흔들어 올리며 할 때는 왼쪽으로 나아간다.

난이도	★★★★★
시간	20초×좌우 각 1세트
얻을 수 있는 풋 워크의 효과	
▶ 스타트 속도	
▶ 점프력	
▶ 균형감	
▶ 스태미나	

원 포인트 어드바이스

➡ 점프한 순간에 발을 모으는 힘을 이용하여 이동한다

Menu 073 네트 밑으로 빠져나가는 사이드 스텝

난이도	★★☆☆☆
시간	20초×2세트
얻을 수 있는 풋 워크의 효과	
▶ 스타트 속도	
▶ 점프력	
▶ **균형감**	
▶ 스태미나	

○ 연습 방법

사이드 스텝으로 네트를 밑으로 빠져나가 반대 사이드로, 양발로 자세를 잡은 후 다시 반대쪽으로 사이드 스텝, 네트를 밑으로 빠져나가 처음 사이드로 돌아온다. 이것을 반복한다.

POINT 손을 무릎에 대지 않는다

> ➡ 고관절을 확실하게 구부려서 낮은 자세로 네트 밑으로 빠져나간다
> ➡ 발을 벌린 상태를 유지한다
> ➡ 손을 무릎에 대지 않고 바닥에 닿는 느낌으로 연습한다.

POINT 고관절을 확실하게 구부린다

연습 메뉴 짜는 법

몸도 움직이고 머리도 쓸 수 있는 상태로
연습 메뉴를 짠다!

다양한 연습법을 소개했는데, 마지막으로 연습 메뉴를 짜는 방법에 대해 알아본다. 연습 메뉴를 짜는 방법은 레벨이나 체력, 연습 시기나 연습 시간 등에 따라 고민해야 하는데, 한 가지 주의해야 할 것은 실제로 셔틀콕을 치는 것을 메인으로 생각하는 게 좋다는 것이다.

우선 셔틀콕을 칠 때 몸도 충분히 움직이고, 머리도 충분히 쓰는 상태로 해두어야 한다. 체력을 키울 필요가 있다고 해서 연습 시간의 처음부터 트레이닝을 최대 부하로 하게 되면 그만큼 지쳐버려서 정작 메인으로 삼아야 하는 셔틀콕을 칠 때 다양한 생각을 하면서 칠 수 없게 되어버린다.

내가 메뉴를 짤 때는 연습 중 셔틀콕을 칠 때 최고의 퍼포먼스를 낼 수 있도록 계산한다. 그리고 워밍업 메뉴는 코트 안을 좋은 콘텐츠로 움직일 수 있도록 생각해서 메뉴를 짠다. 체력을 키우는 트레이닝은 셔틀콕을 친 후로 설정하여 체력을 다 소진하도록 하면 효율적인 연습이 된다고 생각한다.

구체적으로 세 시간의 연습을 예로 시간 배분을 하면 아래와 같다. 선수의 과제나 강화 포인트를 고려하여 이 책에 소개한 노크나 패턴 연습을 도입하면 될 것이다.

	내용	부하	시간
워밍업	동적 스트레치	경	30분
	스텝 연습	경	
	대시	경~중	
	차이니스 스텝	경	
셔틀콕 치기	기초치기	경	2시간
	노크 or 패턴 연습	중~강	
	게임 연습	중	
트레이닝	근력 트레이닝	중~강	30분
	몸통 트레이닝	중~강	
	대시	강	

배드민턴 경기 규칙

1. 경기자
배드민턴 경기는 남자 단식과 복식, 여자 단식과 복식, 혼합복식으로 나뉜다. 단식은 양편 각 1명씩, 복식은 양편 각 2명씩 조를 이루어 경기한다.

2. 토스
경기 전 양편이 토스를 하여, 즉 셔틀콕을 띄워 올렸다가 바닥에 떨어뜨렸을 때 셔틀콕의 코르크 부분이 가리키는 코트 쪽의 선수가 첫 서브권, 또는 코트 선택권 중 하나를 선택한다. 공식 경기가 아닐 경우 동전을 던져 결정하기도 한다.

3. 스코어
① 한 경기 당 3세트를 원칙으로 하며 한 세트에서 21점(초등부는 17점)을 먼저 득점한 편이 승리한다. 그리고 두 세트를 먼저 이긴 편이 그 경기에서 승리한다.
② 해당 랠리에서 이긴 편이 득점한다. 즉, 서브권을 갖지 않은 편도 득점 가능하다.
③ 20:20(초등부는 16:16) 동점인 경우 2점을 연속하여 득점한 편이 승리하며 29:29(초등부는 24:24)인 경우 30점(초등부는 25점)에 먼저 도달한 편이 승리한다.

4. 코트 변경
첫 번째 세트가 끝난 후와 세 번째 세트 시작 전 그리고 세 번째 세트를 할 경우 11점(초등부는 9점)을 먼저 득점했을 때 코트를 변경한다.

5. 서비스
① 단식과 복식경기의 서비스 라인과 서비스 코트의 영역을 확실하게 알아둔다.
② 서버와 리시버는 양편 서비스 코트 안에 대각선으로 서야 한다.
③ 셔틀콕이 라켓과 접촉하는 순간에 셔틀콕 전체가 서버의 허리보다 아래에 있어야 한다. 여기서 말하는 허리는 몸 전체에서 가상의 라인, 즉 서버의 마지막 갈비뼈 부근이라고 생각하면 된다.
④ 서버가 셔틀콕을 치는 순간에 라켓의 샤프트는 아래쪽 방향을 향하고 있어야 한다.
⑤ 서버의 라켓 움직임은 서비스 시작부터 서비스가 넘어갈 때까지 앞으로 향하는 움직임이 계속되어야 한다.
⑥ 셔틀콕은 리시버의 코트 안에 떨어져야 한다.

6. 서비스를 넣는 방법
① 모든 게임의 첫 서비스는 오른쪽에서 시작한다. 항상 상대편 서비스 코트에 대각선으로 넣는다. 서비스를 넣는 편의 점수가 홀수이면 왼쪽에서 짝수이면 오른쪽에서 서비스를 넣는다.
② 단식경기일 때는 단식 서비스 코트로, 복식경기일 때는 복식 서비스 코트로 넣어야 한다. 이때 서비스 라인을 밟으면 반칙이다. 단, 서비스로 보낸 셔틀콕이 서비스 라인에 맞는 것은 유효타로 인정한다.

7. 단식경기 방식
① 첫 서비스를 넣을 때나 경기 중에 점수가 짝수인 경우는 오른쪽에서, 홀수인 경우는 왼쪽에서 서비스한다.
② 리시버는 서버의 대각선 위치의 코트에서 리시브한다.
③ 리시브하는 쪽이 폴트를 범하거나 범실에 의해 중단된 경우 서비스하는 쪽은 점수를 획득하며 서버는 다시 서비스를 한다.
④ 서비스하는 쪽이 폴트를 범하거나 범실에 의해 중단된 경우 리시브하는 쪽이 점수를 획득하며 리시버 쪽이 서버가 된다(한쪽 편에 한 번의 서비스권을 부여).

8. 복식경기 방식
① 첫 서비스를 넣을 때나 경기 중에 점수가 짝수인 경우는 오른쪽에서, 홀수인 경우는 왼쪽에서 서비스한다. 서버의 파트너는 서버와 다른 쪽 사이드에 서거나 서버 뒤에 서서 3구째에 대비한다.
② 리시버는 서버의 대각선 위치의 코트에서 리시브한다. 리시버의 파트너는 리시버가 서비스를 받을 때까지 서비스된 셔틀콕을 건드리면 반칙이다.
③ 리시버 쪽의 선수들은 자기편이 공격권을 가져와 서비스를 넣고 다시 점수를 얻기 전까지 서로 코트 위치를 바꾸지 않는다.
④ 점수 획득 방법은 단식경기와 동일하다.

9. 반칙
다음과 같은 경우에 반칙이 되어 실점이 선언된다.
① 서비스 규칙에 어긋난 위치나 동작으로 서비스를 넣거나 서비스한 셔틀콕이 서비스 라인을 벗어나는 경우.

② 서버가 서비스하는 도중 셔틀콕을 치지 못하고 헛스윙한 경우.
③ 경기 중 셔틀콕이 코트 밖에 떨어지거나 네트 밑 혹은 네트 사이로 통과한 경우.
④ 선수의 라켓 혹은 네트 및 포스트 이외의 다른 곳에 셔틀콕이 닿은 경우(예, 선수의 신체).
⑤ 셔틀콕이 네트를 넘어오기 전에 네트를 넘어 셔틀콕을 치거나 헛쳤을 경우. 단, 셔틀콕이 네트를 넘어왔을 경우 셔틀콕을 쳐서 상대편 코트로 넘기는 것은 허용됨.
⑥ 라켓이나 선수의 몸이 네트에 닿은 경우.
⑦ 셔틀콕을 연속으로 두 번 이상 친 경우. 복식경기를 할 때 두 선수의 라켓에 셔틀콕이 연속으로 닿은 경우.

10. 레트Let(경기중단 및 무효)
① 레트가 선언될 경우 바로 전에 서비스한 선수의 서브권은 그대로 유효하며 그 선수가 다시 서비스한다.
② 레트는 예기치 못한 우발적인 사고 및 행동이 발생하여 경기가 중단될 때 선언된다. 즉, 리시버가 준비되지 않은 상황에서 서비스하거나, 경기 중 다른 코트로부터 셔틀콕이 들어와 경기를 방해하는 경우 등이 해당한다.

11. 경기의 연속적 진행 규칙
① 각 게임 중 한쪽 편이 11점(초등부는 9점)에 먼저 도달할 경우 60초 이내의 인터벌이 허용된다.
② 1세트와 2세트 사이, 2세트와 3세트 사이에 120초 이내의 인터벌이 허용된다.

12. 어드바이스(지도) 및 코트에서의 이탈
① 경기가 진행 중이 아닌 경우에만 선수는 경기 중 지도를 받을 수 있다.
② 경기가 종료될 때까지 경기자는 심판의 동의 없이 코트를 떠날 수 없다.

배드민턴 코트와 용품

1. 배드민턴 코트의 규격

① 라인 폭 : 4cm
② 코트 대각선 길이 : 14.723m
③ 네트 높이 : 양 끝부분 1.55m, 중앙 1.524m
④ 네트 폭 : 76cm
⑤ 포스트(지주대) 높이 : 1.55m
⑥ 코트와 코트 사이 : 최소 2m

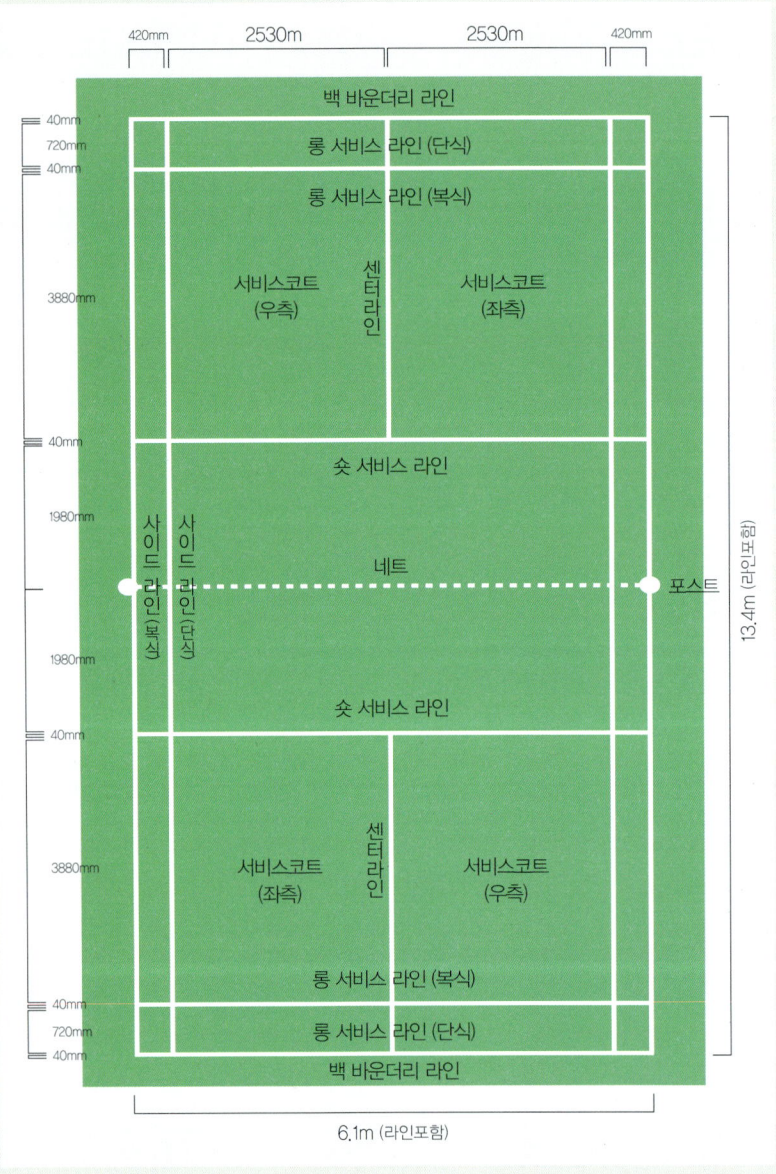

2. 셔틀콕

① 최고 속도 : 260kmph
② 코르크의 지름 : 2.54~2.83cm
③ 반구형 코르크에 14~16장의 깃털이 고정
④ 깃털의 길이 : 6.4~7.0cm
⑤ 깃털이 만드는 원의 지름 : 5.14~6.4cm
⑥ 무게 : 4.75~5.50g
⑦ 셔틀콕 시험 : 보통의 힘을 가진 플레이어가 백 바운더리 라인 위에서 언더핸드의 풀 스윙으로 쳐서 반대편의 백 바운더리 라인의 앞 0.53m에서 0.99m 사이에 떨어져야 적합한 셔틀콕이다.

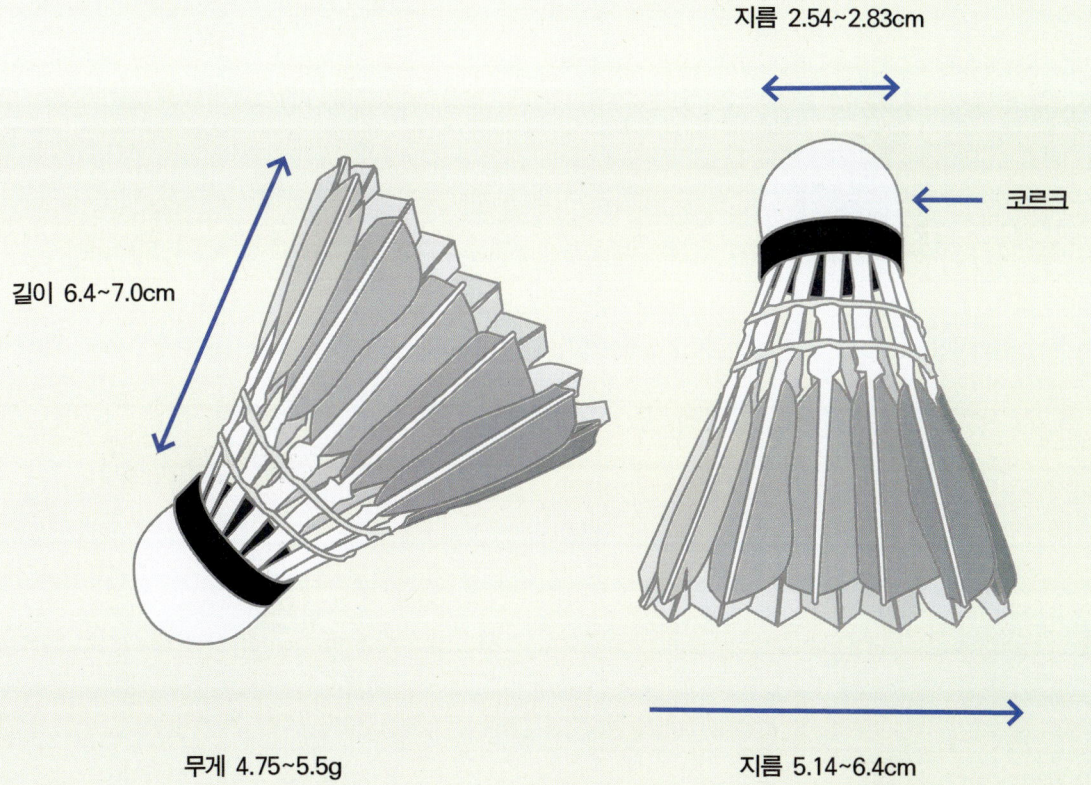

3. 라켓

① 전체 길이 : 680mm 이내

② 무게

라켓 무게의 표시 단위

2U	3U	4U	5U
90.0~94.9g	85.0~89.9g	80.0~84.9g	79.9g 이하

③ 구조

틀frame : 줄이 매인 라켓의 틀.

줄stringing : 꼬아놓은 합성 섬유 또는 천연 섬유로 된 면.

머리head : 틀과 줄로 구성된 라켓의 타원형 부분. 길이 280mm, 넓이 220mm 이내.

자루shaft : 머리에서 끝나는 라켓의 가늘고 기다란 부분.

끝butt : 손잡이에서 손이 미끄러지지 않도록 불룩하게 만든 자루의 끝 부분.

손잡이handle : 선수가 라켓을 조절하기 위해 쥐는 자루의 한 부분.

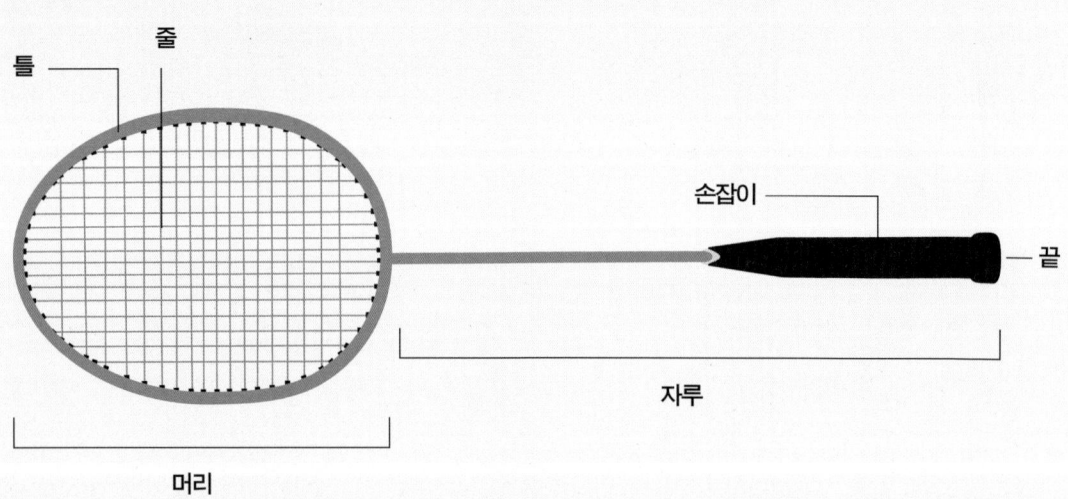

배드민턴 이야기

1. 세계 배드민턴의 역사

배드민턴 경기의 기원에 대해서는 여러 가지 설이 있으나 1820년경 인도의 봄베이 지방에서 성행했던 푸나Poona라는 놀이를 당시 인도에 주둔하고 있던 영국 군인들이 배워서 본국으로 돌아간 뒤 이를 변형시켜서 경기로 만든 것이 정설로 여겨지고 있다. 당시 영국에서는 그루스타주의 뷔포오드 경이 공식적으로 푸나를 재현했는데 배드민턴이라는 용어는 그가 살던 저택의 이름에서 따온 것이라고 한다.

초창기 배드민턴은 귀족 계층의 게임으로 매너를 매우 중요시했으며 옷차림도 품위 있게 갖춰 입어야 시합에 참여할 수 있었다. 그러다가 1893년 영국 배드민턴협회의 창립과 동시에 경기 규칙이 제정되었고 1899년 배드민턴 대회가 개최되며 덴마크, 스웨덴, 서독 등의 유럽 각국과 캐나다, 미국 등으로 확산·보급되었다. 특히 말레이시아, 태국, 인도네시아, 인도 등지에서는 국기라고 할 만큼 인기 있는 스포츠로서 널리 보급되어 있다.

1934년 세계 배드민턴연맹이 창설되었으며, 1939년에는 국제 배드민턴 규칙이 제정, 1948년 제1회 세계 남자 배드민턴선수권대회(토머스 컵), 1956년에는 제1회 세계 여자 배드민턴선수권대회(우버 컵)가 열렸다.

올림픽에서의 배드민턴은 1988년 제24회 서울 올림픽 대회 때 시범 종목으로 실시되었고 1992년 바르셀로나 올림픽 대회 때 정식 종목으로 채택되었다.

그 외에도 세계 각국에서 많은 오픈 대회를 개최하여 연중 수많은 경기가 열리고 있으며 우리나라에서도 1990년부터 코리아 오픈 대회를 개최하여 세계 톱랭커들의 수준 높은 경기를 볼 수 있게 되었다.

2. 한국 배드민턴의 역사

우리나라에 배드민턴이 보급된 것은 해방 후의 일이다. 그러나 당시의 배드민턴은 놀이의 성격을 띤 것으로서 1957년 대한배드민턴협회가 조직되면서 비로소 경기로서의 배드민턴이 소개되었다. 이후 1962년에 대한배드민턴협회가 대한체육회의 가맹 단체가 되었으며 그해 제43회 전국체육대회의 정식 종목으로 채택되었다.

그 후 각종 국제 대회에서 별다른 성적을 거두지 못하고 있던 중 1981년 혜성같이 나타난 우리나라의 황선애 선수가 100년 전통을 자랑하며 세계에서 가장 권위가 있는 전영 오픈 배드민턴선수권대회에서 단식 우승을 차지함으로써 한국 배드민턴을 세계 각국에 널리 알리게 되었다. 또

한 1992년 바르셀로나 올림픽에서 박주봉, 김문수 조가 남자 복식, 황혜영, 정소영 조가 여자 복식경기에서 금메달, 심은정, 길영아 조가 여자 복식경기에서 동메달, 여자 단식의 방수현 선수가 은메달을 획득하며 명실상부한 배드민턴 강국으로 인정받기에 이르렀다.

생활체육으로는 1965년경부터 서울의 남산, 장충단 공원을 중심으로 보급되기 시작했다. 1970년에 서울의 장충 클럽을 시작으로 많은 클럽이 조직되었고, 1973년에 전국 청·장년부 대회를 개최하면서 본격적인 활동을 시작하게 되었다. 이후 1978년 한국 사회인 배드민턴 연맹이 창설되어 전국적으로 지금의 생활체육 배드민턴의 모체가 되었고, 1981년 새마을 배드민턴 연합회로 개칭, 제1회 대통령 하사기 대회가 개최되었다. 1990년에는 생활체육 배드민턴 연합회로 개칭되어 현재에 이르고 있으며, 생활체육 종목 중 가장 널리 보급되어 전국의 동호인이 약 200만 명 정도로 추산되는 대중 스포츠로 자리 잡았다.

3. 배드민턴의 특성

흔히 배드민턴 하면 골목길에서나 하는 어린아이들의 가벼운 놀이 정도로 생각하는 경향이 있다. 그러나 그것은 배드민턴 경기의 절묘한 기술을 접할 기회가 없었거나 실내 정규 코트에서 실제로 배드민턴 경기를 해보지 않은 사람들의 생각이다.

배드민턴의 셔틀콕은 한 줄기의 바람에도 영향을 받는가 하면 스피드에 있어서는 시속 0~260km 사이의 변화를 연출해내기도 한다. 하얀 셔틀콕이 만들어내는 변화무쌍한 선과 우아한 율동의 조화는 가히 신체예술의 극치라고 해도 좋을 것이다.

그렇다면 현대의 수많은 스포츠 종목 중에서도 특히 배드민턴이 훌륭한 스포츠로서의 가치를 인정받을 수 있는 점은 무엇일까?

첫째로 꼽을 수 있는 것은 신체적 건강 유지의 측면이다. 배드민턴 경기는 달리기, 도약, 몸의 회전 및 굴곡과 신전으로 이루어져 전신 운동을 하게 됨으로써 우리 몸의 형태적인 변화는 물론 기능적인 변화를 가져다준다.

두 번째로 정신적 건강 유지에 도움을 준다. 단순하게 달리고 치는 동작으로 이루어져 있는 배드민턴의 활동 형태가 파괴적 욕구의 해소는 물론, 정신적인 스트레스를 해소함으로써 맑고 밝은 정서를 유지하는 데 도움이 된다.

세 번째로 배드민턴 경기는 많은 인원이 필요하지 않기 때문에 가족, 직장 등의 집단 속에서 언제 어디서나 쉽게 행할 수 있어 훌륭한 인간관계를 형성하여 민주시민의 자질함양에 도움이 된다.

이상과 같은 특성으로 인해 배드민턴은 남녀노소 불문하고 온 국민의 사랑을 받는 생활체육으로 자리매김할 수 있었던 것이다.

CONCLUSION

　'최신식 기초'라는 테마로 소개한 기술은 여러분이 지금까지 연습해온 내용과는 다를지도 모른다. 새로운 사고방식이란 늘 있기 마련 아닐까?
　연습법 자체는 지금까지 해온 것과 별반 다르지 않을지도 모르지만, 어떤 연습이든 목적을 의식하여 질을 높이면 효과도 올라간다.
　자신이 지금까지 해온 방식을 바꾼다는 것은 매우 어려운 일이지만 여러분 자신이 좋다고 생각하는 내용이라면 반드시 실행에 옮겨서 오랫동안 연습해보길 바란다. 그렇게 하면 반드시 여러분의 배드민턴 실력이 조금씩 좋은 방향으로 나아갈 것이라고 생각한다.
　이 책을 손에 든 분 중에는 지금까지 배드민턴을 본격적으로 배운 적이 없다는 분도 많을지 모른다. 그런 분들은 자신의 부족한 점을 의식하여 그것을 보완하고 강화하는 힌트를 찾는 책이 되었으면 좋겠다.

후지모토 호세마리

쉽게 따라 하고 바로 응용하는

How to 배드민턴

한국어판 ⓒ 도서출판 잇북 2017

1판 1쇄 발행 2017년 4월 10일
1판 3쇄 발행 2019년 12월 18일

지은이 | 후지모토 호세마리
감수 | 이광현
옮긴이 | 김대환
펴낸이 | 김대환
펴낸곳 | 에이치와이프린팅

책임디자인 | 한나영
인쇄 | 대덕문화사

주소 | (10893) 경기도 파주시 와석순환로 347. 212-1003
전화 | 031)948-4284
팩스 | 031)624-8875
이메일 | itbook1@gmail.com
블로그 | http://blog.naver.com/ousama99
등록 | 2008.2.26 제406-2008-000012호

ISBN 979-11-85370-07-1 13690

※ 값은 뒤표지에 있습니다. 잘못 만든 책은 교환해드립니다.